小道迷子の
中国語
発音しませんか
～发发拼音～

CD付

渡辺豊沢 監修・著　小道迷子 漫画・著

三修社

はじめに

中国語の発音って、ホントに難しいわねぇ。
妈mā、麻má、马mǎ、骂màって、上げ下げが違うだけで、
同じmaって言っても、ぜ～んぶ意味が違っちゃうんだから。

日本語にはないそり舌音も、日本人には難しいよね。
ごまだんご食べておいしい！　の「おいしい」は、
中国語で、「好吃！　好吃！　好吃！」
その「吃」は、そり舌音だもんね。
はっはっはっ、ボクたちパンダにとっては簡単だけど。

3回も、おいしいって言わなくてもいいわよ。

だって、ホントにこのごまだんご、おいしいんだもん。

とにかく中国語で、とっても大切なのは、
ごまだんご…いや、発音よ！！

で、小迷迷は、ちゃんと発音マスターした？

おほほほほ……

ごまだん…いや、ごまかしてらあ。

ねぇ、圓嘟嘟…

え？　今ボクの名前呼んだ？　発音まちがってるよ。
圓嘟嘟の「嘟」は、二声じゃなくて一声だよ。

あ！　そーか…

だからごまだんごみたいに…いや、
小迷迷みたいにならないように、しっかり発音マスターしてね。

ふん、あんたもごまだんご食べすぎて、
ごまだんごにならないようにね！

加油！！〈がんばって！！〉

～圓嘟嘟　鴨扁扁　小迷迷

「魔法のように」身につく！
～発音マスターの秘訣と本書の使い方～

「中国語の発音は難しい！」と、あきらめていませんか？
　もちろん、中国語の発音は簡単ではありません。しかしその難しい発音も「魔法のように」綺麗に仕上げ、身につけることができるのです。本書はそのために生まれました。発音指導と発音に悩んでいる方の発音矯正に取り組んだ著者の20年余りの経験を踏まえ、基礎からはじめて難易度の高いところまで徐々に慣れていきながら、最後には応用ができるようになり、しらずしらずのうちに綺麗な発音ができるようになってしまいます。
　初心者の方はもちろん、すでにある程度のレベルまで中国語を読み書きできるけれど、発音には苦しんでいる、という方にも是非、この体験と喜びを味わって欲しいものです。以下、ここで、中国語の発音を「魔法のように」にマスターする秘訣と、本書の使い方をお話しておきましょう。

秘訣その1　白紙に戻って。「赤ちゃん」になって…

　まずは、日本語や英語の発音常識を流用しないことです。
　例えば、中国語の「ta」と「da」には、日本語の「た」と「だ」が相応するように思いがちですが、発音はまったく違います。もちろん、英語などアルファベット表記の「ta」「da」音がそのままあてはまるわけではありません。
　中国語を勉強するときには、とにかくまず白紙に戻ってください。今までもっている日本語や外国語の発音の仕方と発声の常識を一切無視します。そうして、こどもが言葉を学ぶような素直な気持ちで、中国語発音を勉強してください。
　中国で生まれた赤ちゃんも、生まれてすぐに中国語を話すわけではないでしょう？　赤ちゃんは生まれたばかりの頃には視覚はまだ完全ではないので、まずは聴覚でいろいろな声（言葉）をキャッチします。だんだん大きくなるにつれ、お母さんの声を聴くだけでなく、お母さんの顔の表情や口の形を見たりして、言葉を真似ていきます。そのように赤ちゃんが言葉を覚えていくように、中国語の発音を練習します。

➡ 本書では、「STARTINNG GATE 1 拼音〈ピンイン〉」で、まず中国語の発音の基礎となる韻母（母音）・声母（子音）の個々の発音の仕方を学びます。
　P. 2～P.19の中でそれぞれの韻母・声母の発音の仕方の説明を読み、そして発音する「パンダの顔の表情と口」をよく見て、**[CD Track①]** ～ **[CD Track④]** を聴きながら自分で発音してみましょう。

秘訣その2　「声調」をいつも意識して。目からうろこの「半第三声」をマスターしよう！

　中国語発音の「ポイント」はなんといっても「声調」にあります。くわしくは、本書「STARTINNG GATE 2　声調〈声調〉」で学びますが、中国語は声母（子音）と韻母（母音）だけでは正しい発音をすることができないということを、とにかく常に意識してください。
　同じ声母と韻母をもつ言葉でも、声調によって、意味が変わってきます。もちろんその言

葉を表す漢字も違ってきます。声調をしっかり発音しなければ、相手には通じない言葉になってしまうのです。

⇨ 本書では、「STARTINNG GATE 2　声調〈声調〉」で４つの声調の発音方法と表記の仕方を学びます。ここにも簡単な「発音チャレンジ」（P.27　**CD Track**⑤、P.30　**CD Track**⑥）がありますが、本格的なレッスンは、「STARTINNG GATE」を通ってから、各課のレッスン（L１～L17）の中で行います。

各レッスンでは、声母（子音）と韻母（母音）のうち、いくつかを「学習重点」として取り上げ、徹底練習します。

★ 発音練習の仕方１：それぞれ４つの声調（第一声・第二声・第三声・第四声）を発音して、その流れで、最後に、あるひとつの声調がうまく発音できるかどうかを確認します。付録CD中の各該当**Track**部分（本書に表記）を聴きながら、一緒に発音してみてください。（「○○の発音練習」などのコーナー）

★ 「半第三声」という概念：中国語の発音で苦しんでいるといった方から多く聞かれるのが、「第三声」＋「第一声～第四声・軽声」の発音のケース。前の第三声は、表記は普通の第三声でも、発音は第二声と第三声の中間のような発音になり、それにも「第二声に近いもの」「第三声に近いもの」の２パターンがあります。本書ではこれを無理に「第三声」に入れ込まずに「半第三声」という概念でとらえることで、通常の第三声との違いを明確にし、声調の組み合わせによる上記２つのパターンをマスターしていくことで、多くの方の「悩み」を解決していきます。L12、L13でその練習を行います。

秘訣その３　なるべくたくさんの言葉を発音してみること

外国語の発音の練習はつまらないし、退屈なもの。中国語も例外ではありません。

しかし、おもしろくない練習をしながらも、「中国語が上達した」と思える達成感のようなものを自分にご褒美できれば、またやる気も出てきます。目に見える形での「上達」感ということでは、ボキャブラリーのプラスアップがてっとり早く効果的でしょう。発音練習「しながら」自然に語彙力「アップ」できるような練習方法として、とにかくいろいろな言葉を発音してみること。それも自分の「好きなもの」や「興味のあるもの」の単語だったら、愉しく発音できますよ。

⇨ 本書では、「コラム」の中で、食べ物の単語から、ちょっと知っておくといいかな、という単語を紹介しています。もちろん、各レッスンでも、ボキャブラリーアップも同時にはかれる練習方法を取り入れています。

★ 発音練習の仕方２：各レッスンで、重点的にレッスンする声母（子音）や韻母（母音）のさまざまな声調を組み合わせてできる単語単位での発音練習も行います。語彙力アップにもつながりますので、付録CD中の各該当**Track**部分を聴いて発音しながら、言葉を覚えていきましょう。（「○○尾音の発音練習」「○音節語の発音練習」などのコーナー）

秘訣その４　「イマジネーション力」アップは語学力アップの近道

発声方法という点では、いくつかの共通点をもつ欧米諸国の言語に比べて、日本語は共通点が少なくその分ハンディもありますが、ひとつ、日本人にとって最大の武器があります。

それは、いうまでもなく、「漢字」表記という点です。もちろん現在中国で使われている簡体字と日本で使われている漢字では「似て非なる」ものもあって、それがかえって混乱のもとになることもなくはないですが、それでも漢字の一から始めなければならない他の言語を母語とする人たちに比べれば、天と地ほどの違いがあります。あとは、「混乱」をしないために、秘訣その1で述べたような気持ちで臨むこと、そして、その「有利さ」をいっそう有効にするために、常に発音しながら、ピンインと文字との関係をイメージすることです。耳だけで覚えるより、目だけで覚えるより、口だけで覚えるより、耳・目・口を同時に働かせることで、身のつき方は、3倍以上、3乗以上の効果があります。

⊃ 本書各レッスンでは、次のような発音練習も行います。この練習で、自然とイマジネーション力がアップし、身につき度が抜群にアップします。

★発音練習の仕方3：声調に少しずつ慣れてきたところで、あらためて声母（子音）や韻母（母音）、つまり、ピンインの正しい発音ができているかどうかも、並行して確認していきます。付録CD中の各該当 Track 部分を聴きながら、また発音しながら、記載の漢字とその漢字の意味（〈 〉表記＝日本語の意味ないし日本での文字）を確認することで、その文字を使ったさまざまな言葉の意味の理解が拡がり、「想像力アップ＝語学力アップ」につながります。（「ピンインの区別」などのコーナー）
「想像力」「イマジネーション力」のアップは、語学力アップの近道にもなります。

秘訣その5　とにかく「愉しむ」こと

もう、これは説明不要です。

⊃ 本書では、各レッスンの冒頭の漫画の中で、そのレッスンで重点的に練習する声母（子音）と韻母（母音）を「ふんだんに」使った会話が行われています。CDには愉しい漫画をリアルに収録していますので、中国語でのギャグ漫画を愉しみながら、中国語の発音に慣れてください。

秘訣その6　いやにならない前に…中国語の発音練習は短期間で勝負

長年中国語の教壇にたっている経験からいうと、中国語の発音レッスンを習得する時間は平均でおよそ15時間（900分）です。もちろん個人差がありますが、1回1.5時間（90分）として、週に3回では3～4週間（約1ヶ月）、週1回だと10週間（2ヶ月半）の計算になります。しかし実際には、週に1回のレッスンでは、マスターまでにかかる時間は、計算以上に長くなります。

一度のレッスンから次のレッスンまでのスパンが長い程、勉強した内容も忘れやすくなり、復習の時間を余分にとらなければならなくなるからです。それに、期間が長くなると、……はっきりいって、だんだんいやになってしまいます。ですからこの本を買った今日から、毎日少しずつでも進んでいって、「STARTING GATE」と各課レッスンの間にある"発音マップ"でときどき自分の「居場所」を確認しながら、一気にゴールを目指してがんばりましょう。

小道迷子の 中国語・発音しませんか ～发发拼音～

目次

◆「魔法のように」身につく！
　～発音マスターの秘訣と本書の使い方～ ─── iii

■STARTING GATE

1 拼　音＜ピンイン＞ ─── 2
  1. 韻母（母音） ─── 2
  ① 単韻母（単母音） ─── 2
    1-1　単韻母（単母音）の発音の仕方 ─── 2　①
  ② 複韻母（複母音） ─── 4
    2-1　複韻母（複母音）の発音の仕方 ─── 4　②
  ③ 尾音（-n,-ng） ─── 8
    3-1　尾音（-n,-ng）の発音の仕方 ─── 9　③
  2. 声母（子音） ─── 13
  ① 声母（子音） ─── 13
    1-1　無気音と有気音の発音の仕方 ─── 13
    1-2　声母（子音）の発音の仕方 ─── 14　④
  3. 軽　声 ─── 20
  4. ピンインの音節構造表 ─── 21

2 声　調＜声調＞ ─── 22
  1. 声調の概念 ─── 22
  2. 声調記号のつけ方 ─── 24
    発音チャレンジ ─── 27　⑤
  3. 大文字ピンインの規則 ─── 28
    発音チャレンジ（アジアの都市と国） ─── 30　⑥

3 中国語の基本品詞 ─── 31

◆発音練習MAP ─── 38

L1 受欢迎的人
〈人気者〉 ─── 40　⑦
  1. 単韻母（単母音） ─── 42
  〔a/o/e/i(yi)/u(wu)/ü(yu)/er〕
  単韻母（単母音）の発音練習 ─── 45　⑧

L2 甜的诱惑
〈甘い誘惑〉 ─── 46　⑨
  1. 複韻母（複母音）〔ai/ei/ao/ou〕 ─── 48
  複韻母（複母音）の発音練習 ─── 50　⑩
  2. a語頭尾音〔an/ang〕 ─── 51
  a語頭尾音の発音練習 ─── 52　⑪
  ♪よりみちこみちひとやすみ① ─── 52
  『食べたい！　中華料理』『うまい！　中華軽食』
  『おいしい！　中華デザート』

L3 我不是小孩子
〈ボクはこどもじゃないよ〉 ─── 54　⑫
  1. 無気音と有気音 ─── 56
  2. 声母（子音）の唇音
  〔b(o)/p(o)/m(o)/f(o)〕 ─── 56
  唇音の発音練習 ─── 57　⑬
  3. 軽　声 ─── 58
  軽声の発音練習 ─── 58　⑭
  ピンインの区別 ─── 58　⑮
  （唇音と複韻母〔ai/ei/ao/ou〕）
  声調の発音練習 ─── 59　⑯
  （声母（子音）と単韻母（単母音）、声母（子音）と
  複韻母（複母音））

L4 菜也想说"腻"了
〈料理もいいたい「飽きちゃった」〉 ─── 60　⑰
  1. o語頭尾音〔ong/iong(yong)〕 ─── 62
  o語頭尾音の発音練習 ─── 63　⑱
  2. 声母（子音）の舌尖音
  〔d(e)/t(e)/n(e)/l(e)〕 ─── 63
  舌尖音の発音練習 ─── 64　⑲
  ピンインの区別 ─── 64　⑳
  （舌尖音と複韻母〔ai/ei/ao/ou〕）
  声調の発音練習 ─── 65
  （声母（子音）と単韻母（単母音）、声母（子音）と
  複韻母（複母音））

♪ よりみちこみちひとやすみ② ——— 67
『飲みたい！ 中国茶』『好きな飲み物は…』
『飲んでみたい！ 中国の名酒』

L5 我不是麦克风
〈ボクはマイクじゃないよ〉——— 68 21
1. e語頭尾音〔en/eng〕——— 70
   - e語頭尾音の発音練習 ——— 71 22
2. 声母（子音）の舌根音
   〔g(e)/k(e)/h(e)〕——— 71
   - 舌根音の発音練習 ——— 72 23
   - ピンインの区別 ——— 72 24
     （舌根音と複韻母〔ai/ei/ao/ou〕）
   - 2音節語（第一声＋第一声〜軽声）の発音練習 ——— 73 25
   - 声調の発音練習 ——— 74
     （声母（子音）と単韻母（単母音）、声母（子音）と
     複韻母（複母音）、声母（子音）とe語頭尾音）

L6 也许来不及了
〈たぶん間に合わないね〉——— 76 26
1. 複韻母（複母音）
   〔ia(ya)/ie(ye)/ua(wa)/
   uo(wo)/üe(yue)〕——— 78
   - 複韻母（複母音）の発音練習 ——— 80 27
2. i語頭尾音
   〔in(yin)/ing(ying)/ian(yan)/
   iang(yang)〕——— 81
   - i語頭尾音の発音練習 ——— 82 28
3. 声母（子音）の舌面音
   〔j(i)/q(i)/x(i)〕——— 83
   - 舌面音の発音練習 ——— 84 29
   - ピンインの区別 ——— 85 30
     （舌面音と複韻母〔ia/ie/uo/üe〕）
   - 2音節語（第二声＋第一声〜軽声）の発音練習 ——— 86 31
   - 声調の発音練習 ——— 87
     （声母（子音）と単韻母（単母音）、声母（子音）と
     複韻母（複母音）、声母（子音）とi語頭尾音）

♪ よりみちこみちひとやすみ③ ——— 88
『「時間」のいい方いろいろ』
『あなたの輝き誕生石は？』
『十二支 —— あなたは何どし？』

L7 我不能强忍
〈ボクにはガマンできない〉——— 90 32
1. 複韻母（複母音）
   〔iao(yao)/iou(you,-iu)/
   uai(wai)/uei(wei,-ui)〕——— 92
   - 複韻母（複母音）の発音練習 ——— 94 33
2. u語頭尾音
   〔uan(wan)/uang(wang)/
   uen(wen)/ueng(weng)〕——— 95
   - u語頭尾音の発音練習 ——— 96 34

♪ よりみちこみちひとやすみ④ ——— 97
『早口チャレンジ —— いってみよう！』

3. 声母（子音）のそり舌音
   〔zh(i)/ch(i)/sh(i)/r(i)〕——— 98
   - そり舌音の発音練習 ——— 99 35
   - ピンインの区別 ——— 100 36
     （そり舌音と複韻母〔iao/iou/uai/uei〕）
   - 2音節語（第三声＋第一声〜軽声）の発音練習 ——— 101 37
   - 声調の発音練習 ——— 102
     （声母（子音）と単韻母（単母音）、声母（子音）と
     複韻母（複母音））
4. アル（儿er）化 ——— 103
   - アル（儿er）化の発音練習 ——— 104 38

♪ よりみちこみちひとやすみ⑤ ——— 105
『この人、だ〜れだ!?』『アニメキャラクターなら…』
『アニメの名前は、こうなる』

L8 还是新鲜的鱼最好吃!
〈やっぱり新鮮な魚が一番おいしい！〉——— 106 39
1. ü語頭尾音
   〔üan(yuan)/ün(yun)〕——— 108
   - ü語頭尾音の発音練習 ——— 109 40
2. 声母（子音）の舌歯音〔z(i)/c(i)/s(i)〕——— 109
   - 舌歯音の発音練習 ——— 110 41
   - ピンインの区別 ——— 111 42
     （舌歯音と複韻母〔ai/ei/ao/ou/uei(-ui)〕）
   - 2音節語（第四声＋第一声〜軽声）の発音練習 ——— 112 43
   - 声調の発音練習 ——— 113
     （声母（子音）と単韻母（単母音）、声母（子音）と
     複韻母（複母音）、声母（子音）と尾音）

♪ よりみちこみちひとやすみ⑥ ——— 115
『ぜんぶいえますか？ 中国の22省・4直轄市・民族自治区』

| | ページ | CDTrack番号 |

L9 高不可攀
　　〈高嶺の花〉 ———— 116 　44
　1.3音節語 ———— 118
　　3音節語の発音練習 ———— 118 　45
　2.4音節語 ———— 119
　　4音節語の発音練習 ———— 119 　46
　　声調の発音練習 ———— 120
　　（2音節語の声母（子母）と単韻母（単母音）と複母音（複母音）
　　の総合練習、3音節語と4音節語の声母（子母）と
　　単韻母（単母音）と複韻母（複母音）の総合練習）
　♪よりみちこみちひとやすみ⑦ ———— 121
　　『覚えておきたい数字とお金の単位』

L10 梦破山河在?
　　〈夢破れて山河あり?〉———— 122 　47
　1.「一」の声調変化 ———— 124
　　「一」の声調変化の発音練習 ———— 126 　48
　2.数　字 ———— 127
　　数字の発音練習 ———— 127 　49
　　応用練習 ———— 127 　50
　　発音チャレンジ（ピンインと漢字・声調と漢字）
　♪よりみちこみちひとやすみ⑧ ———— 129
　　『「数え方」いろいろ』

L11 没坐新干线去对了!
　　〈新幹線にしなくてよかった!〉———— 130 　51
　●「不」の声調変化 ———— 132
　　応用練習 ———— 134 　52
　　発音チャレンジ（ピンインと漢字・声調と漢字）

L12 再也不想去的家
　　〈もう二度と行きたくない家〉———— 136 　53
　●「第一声～第四声」＋「軽声」の発音 ———— 138
　　「第一声～第四声」＋「軽声」の発音練習 ———— 138 　54
　　○「第三声＋軽声」の第三声の発音方法 ———— 139
　　応用練習 ———— 140 　55
　　発音チャレンジ（ピンインと漢字・声調と漢字）

L13 加油! 十三号!
　　〈がんばれ! 13番!〉———— 142 　56
　●「第三声」＋「第一声～第四声」の発音 ———— 144
　　応用練習 ———— 147 　57
　　発音チャレンジ（ピンインと漢字・声調と漢字）

　♪よりみちこみちひとやすみ⑨ ———— 148
　　『身につけたい！拳法』
　♪よりみちこみちひとやすみ⑩ ———— 149
　　『親戚表』

L14 你们在哪里?
　　〈どこ行っちゃったの?〉———— 150 　58
　●いろいろな軽声 ———— 152
　1.「过」の声調3種 ———— 152
　　発音チャレンジ～「过」の声調の発音練習 ———— 154 　59
　2.「地方」の声調2種 ———— 155
　　発音チャレンジ～「地方」の声調の発音練習 ———— 155 　60
　3.「别人」の声調2種 ———— 156
　　発音チャレンジ～「别人」の声調の発音練習 ———— 156 　61
　♪よりみちこみちひとやすみ⑪ ———— 157
　　『ここはどこ？ 世界の国と都市』

L15 我的嘴巴肿了
　　〈ボクのくちびる腫れちゃった〉———— 158 　62
　●形容詞の連続の発音方法 ———— 160
　　発音チャレンジ～形容詞の連続の発音練習 ———— 163 　63

L16 我不喜欢算命
　　〈占いなんかキライ〉———— 164 　64
　●動詞の連続の発音方法 ———— 166
　　発音チャレンジ～動詞の連続の発音練習 ———— 167 　65

L17 我上圆嘟嘟的当了
　　〈圆嘟嘟にだまされちゃった〉———— 168 　66
　●破読（破读・破音）と破読字（破读字・破音字）———— 170
　　①破読　例その1：得 ———— 170 　67
　　②破読　例その2：乐 ———— 171 　68
　　③破読　例その3：空 ———— 172 　69
　　④破読　例その4：中 ———— 172 　70
　　⑤破読　例その5：还 ———— 173 　71
　　⑥破読　例その6：行 ———— 173 　72
　　⑦破読　例その7：长 ———— 174 　73
　　⑧破読　例その8：好 ———— 174 　74
　　⑨破読　例その9：了 ———— 175 　75

STARTING GATE

1. 拼　　音
2. 声　　調
3. 中国語の基本品詞

拼音 〈ピンイン〉　　STARTING GATE 1

1.. 韻母（母音）

中国語の韻母（母音）は単韻母と複韻母と尾音（-n，-ng）があります。

1　単韻母（単母音）

❶ a	❷ o	❸ e
❹ i(yi)	❺ u(wu)	❻ ü(yu)
❼ er		

[CD Track 1]

1-1　単韻母（単母音）の発音の仕方

a　口は日本語の「ア」より少し大きく自然に開けて、「a」を発音します。

o　口はaより小さく。日本語の「オ」よりも、丸めて少し前に突き出して、「o」を発音します。

e　口はやや横丸、英語のgirl「gə:l」の「ə」を発音します。

i (yi) 口は思い切って横にひいて「いーのよ」の「い」を発音します。

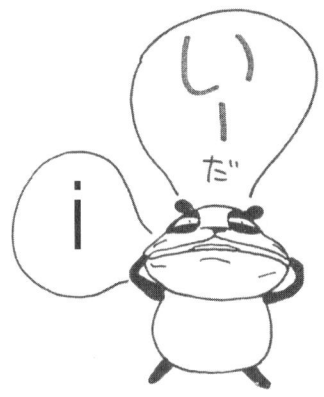

u (wu) 口は「o」よりもさらに小さく丸めて前に突き出して、「うまい」の「う」を発音します。

ü (yu) 先に「いいなー」の「い」を発音しながら、徐々に唇を丸めて前に突き出して発音します（ドイツ語の「ü」より唇の先端に力を入れます）。

er 舌先を少し巻き上げて、上の歯茎につけずに「ァル」と発音します。発声するときは「ァ」音が弱く、「ル」音を強く、全体で「ァル」を分けずに、なめらかに発声します。

2 複韻母（複母音）

❶	ai	ei	ao	ou
❷	ia	ie	ua	uo	üe
	(ya)	(ye)	(wa)	(wo)	(yue)
❸	iao	iou(-iu)	uai	uei(-ui)
	(yao)	(you)	(wai)	(wei)

[CD Track 2]

2-1 複韻母（複母音）の発音の仕方

❶ ai ei ao ou

ai 単韻母の「a」（ア）に「i」（イ）を軽く添えて。「a」（ア）は長く強く、「i」（イ）は短く、全体でなめらかに「ai」（アィ）。口は徐々に横にひきます。

ei 単韻母の「e」（エ）に「i」（イ）を軽く添えて。「e」（エ）は長く強く、「i」（イ）は短く、全体でなめらかに「ei」（エイ）。口は徐々に横にひきます。

ao 単韻母の「a」（ア）に「o」（オ）を軽く添えて。「a」（ア）は長く強く、「o」（オ）は短く、全体でなめらかに「ao」（アォ）。口は徐々に丸く。

ou 単韻母の「o」(オ) に「u」(ウ) を軽く添えて。「o」(オ) は長く強く、「u」(ウ) は短く、全体でなめらかに「ou」(オゥ)。口は徐々に丸く。

❷
| ia | ie | ua | uo | üe |
| (ya) | (ye) | (wa) | (wo) | (yue) |

ia (ya) 単韻母の「i」(イ) を「a」(ア) に軽く添えて。「i」(イ) は短く、「a」(ア) はやや長く強く、全体でなめらかに「ia」(ィア)。口の動きは「ai」と反対で、口は少し開いたまま徐々に大きく。

ie (ye) 単韻母の「i」(イ) を「e」(エ) に軽く添えて。「i」(イ) は短く、「e」(エ) は長く強く、全体でなめらかに「ie」(ィエ)。口の動きは「ei」と反対で、口は少し開いたまま徐々に横へ大きく。発音要領は「ia」(ィア) と同じ。

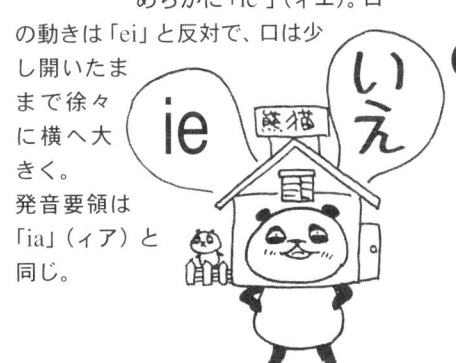

ua (wa) 単韻母の「u」(ウ) を「a」(ア) に軽く添えて。「u」(ウ) は短く、「a」(ア) は長く強く、全体でなめらかに「ua」(ゥア)。口の動きは「ao」と反対で、口は丸くして徐々に横へ大きく。

uo (wo)

単韻母の「u」（ウ）を「o」（オ）に軽く添えて。「u」（ウ）は短く、「o」（オ）は長く強く、全体でなめらかに「uo」（ウォ）。口の動きは「ou」と反対で、口は丸くして徐々に縦へ大きく。

発音要領は「ua」（ウァ）と同じ。

üe (yue)

単韻母の「ü」（ュ）を「e」（エ）に軽く添えて。「ü」（ュ）は短く、「e」（エ）は長く強く、全体でなめらかに「üe (-ue)」（ュエ）。口は丸くして徐々に横に。

❸

iao	iou(-iu)	uai	uei(-ui)
(yao)	(you)	(wai)	(wei)

iao (yao)

単韻母の「i」（イ）を「ao」（アォ）に軽く添えて。「i」（イ）は短く、「ao」（アォ）は長く強く、全体でなめらかに「iao」（イヤォ）。口を開いて、介韻母「i」（イ）から主尾韻母「ao」（アォ）へ発声しながら、口を徐々に閉じていきます。

iou (you)

単韻母の「i」（イ）を「ou」（オゥ）に軽く添えて。「i」（イ）は短く、「ou」（オゥ）はやや長く強く、全体でなめらかに「iou (-iu)」（イオゥ）。口を開いて、介韻母「i」（イ）から主尾韻母「ou」（オゥ）へ発声しながら、口を徐々に閉じていきます。

発音要領は「iao(yao)」と同じ。「iou」にy以外の声母がつく場合は「-iu」とつづり、声調記号は「u」の上につけます。例えば、niú 牛（牛）、liú 流（流）、jiǔ 酒（酒）など。

uai (wai)

単韻母の「u」（ゥ）を「ai」（アィ）に軽く添えて。「u」（ゥ）は短く、「ai」（アィ）は長く強く、全体でなめらかに「uai」（ウアィ）。発声するときは口を徐々に大きく。

uei (wei)

単韻母の「u」（ゥ）を「ei」（エイ）に軽く添えて。「u」（ゥ）は短く、「ei」（エイ）は長く強く、全体でなめらかに「uei (-ui)」（ウエイ）。発声するときは口を徐々に大きく。

発音要領は「uai(wai)」と同じ。「uei」にw以外の声母がつく場合は「-ui」とつづり、声調記号は「i」の上につけます。例えば、duì 对（対）、guì 贵（貴）、huì 会（会）など。

3 尾音（-n, -ng）

尾音は、次の6種類に分類できます。

(1) a 語頭尾音　　　　(2) o 語頭尾音　　　　(3) e 語頭尾音

(4) i 語頭尾音　　　　(5) u 語頭尾音　　　　(6) ü 語頭尾音

(1) a 語頭尾音

❶ an (an)　　❷ ang (ang)

(2) o 語頭尾音

❶ ong（単独では使いません。必ず声母がつきます。）　　❷ iong (yong)

(3) e 語頭尾音

❶ en (en)　　❷ eng（単独では使いません。必ず声母がつきます。）

(4) i 語頭尾音

❶ in (yin)　　❷ ing (ying)　　❸ ian (yan)　　❹ iang (yang)

(5) u 語頭尾音

❶ uan (wan)　　❷ uang (wang)　　❸ uen(-un) (wen)　　❹ ueng (weng)（必ず単独で使います。声母はつきません。）

(6) ü 語頭尾音

❶ üan (yuan)　　❷ ün (yun)

[CD Track 3]

3-1 尾音（-n, -ng）の発音の仕方

中国語の尾音（-n, -ng）です。前鼻音（-n）は舌根部の上歯茎で発音します。発音の後、口が開いたまま「ン」と発音します。後鼻音（-ng）は首あたりの喉で発音します。声帯をふるわせて発音します。発音の後、口は前鼻音（-n）より大きく開いて「ンー」と発音します。

(1) a 語頭尾音

an 鼻腔から出す前鼻音です。喉に緊張感を持って、声帯をふるわせずに「アンゼン」の「アン」を発音します。

ang 気持ちをリラックスさせ、声帯をふるわせて「アンゴウ」の「アン」を発音します。

(2) o 語頭尾音

ong 口を丸く開けて、口内を円形にして口内の全体で発声します。気持ちをリラックスさせ、英語の「オンライン」の「オン」を発音します。単独では使わず、必ず声母を伴います。

iong (yong) 口を丸く開けて、気持ちをリラックスさせ「ィオン」と発音します。

(3) e 語頭尾音

en 口をやや横に開けて、「エンドウさん」の「エン」を発音しながら、上下の唇を少し近づけます。最後まで口は閉じないままです。

eng 「eng」の「e」(エ)は「en」の「e」(エ)より弱く発音します。「エン」よりも「オン」のほうが近い。口は少し開けてリラックスさせ、胸部あたりから「オン」と発音します。単独では使わず、必ず声母を伴います。

(4) i 語頭尾音

in (yin) 舌の周りを上の歯茎にあて、上歯茎と舌面を使って英語の「in」(イン)を発音します。

ing (ying) 気持ちをリラックスさせ、胸部あたりから「イン」を発音します。

ian (yan) 口をやや開けて、「イエン」と発声すると、下あごが下へ動きます。「ian」の真ん中の「a」は、「i」と「n」に影響され、口の開きが狭くなり「ア」の音がなくなり「エ」となります。

iang (yang) 「ィアン」を発声するときは口を徐々に大きくします。

(5) u 語頭尾音

uan (wan) 口中の上歯茎を使って「ゥアヌ」と発音します。発声するときは口を丸くして、徐々に横へひきます。

uang (wang) 気持ちをリラックスさせ「ゥアン」と発音すると、胸部のところが響いてきます。発音するときは口を丸くして、徐々に大きくします。

uen (wen)　口中の上歯茎を使って「ウェヌ」と発声します。発音するときは口を丸くして、徐々に横へひきます。「uen」に「w」以外の声母がつく場合は「-un」とつづり、声調記号は「u」の上につけます。例えば、tūn 吞（呑）、hūn 昏（昏）、cūn 村（村）など。

ueng (weng)　気持ちをリラックスさせ「ウォン」と発音すると、胸部のところが響いてきます。発音するときは口を丸くして、徐々に大きくします。単独でのみ使い、声母は伴いません。

(6) ü 語頭尾音

üan (yuan)　口を丸くして、「ユェン」と発声すると、下あごが下へ動きます。「üan」の「ü」は「ユ」音で、全く「ウ」音がありません。「üan」の真ん中の「a」は、「ü」と「n」に影響され、口の開きが狭くなり「ア」の音がなくなり「エ」となります。

ün (yun)　口は少し丸くして、開いたままで「ュィン」と発声します。「ün」の「ü」は「イ」音で、全く「ウ」音がありません。

2. 声母（子音）

1 声母（子音）

中国語の声母（子音）は6項目21種あります。

発音方法 発音部位	無気音	有気音	鼻音	摩擦音	辺音
❶ 唇音	b(o)	p(o)	m(o)	f(o)	
❷ 舌尖音	d(e)	t(e)	n(e)		l(e)
❸ 舌根音	g(e)	k(e)		h(e)	
❹ 舌面音	j(i)	q(i)		x(i)	
❺ そり舌音	zh(i)	ch(i)		sh(i) r(i)	
❻ 舌歯音	z(i)	c(i)		s(i)	

1-1 無気音と有気音の発音の仕方

　中国語の声母には、発音するときにそっと息を出す「無気音」と、強く息を出す「有気音」があります。発音の際、無気音は完全に息を出さないわけにはいきませんが、なるべく息をおさえて発音します。

　それに対して、有気音のほうは口の中に息をためておいて、息を強くはき出して発音します。

　発音の練習方法として、2つ折りのティッシュペーパーを口の前で持ち、無気音はティッシュペーパーが息で吹き飛ばないように、有気音はティッシュペーパーが息で吹き飛ぶように発音すればいいでしょう。

[CD Track 4]

1-2 声母（子音）の発音の仕方

❶ 唇音　b(o)　p(o)　m(o)　f(o)

b(o) 無気音の両唇音。上唇と下唇を閉じたところから軽く「ボード」の「ボ」を発音します。

p(o) 有気音の両唇音。閉じた上唇と下唇から口中の息を強くはき出して、「汽車ポッポ」の「ポ」（プゥオ）を発音します。

m(o) 鼻音の両唇音。上下の唇を合わせて少し口を開けて「モー」と発音します。

f(o) 摩擦音の唇歯音（上歯と下唇）。上歯は軽く下唇において「フォー」と発音します。

❷ 舌尖音　d(e)　t(e)　n(e)　l(e)

d(e)　無気音の舌尖音（舌尖と上歯茎）。舌先を軽く上歯茎の裏にあて、「グッド」の「ドォ」を発音します。

t(e)　有気音の舌尖音（舌尖と上歯茎）。発音要領は「de」と同じ、息を強くはき出して「トォ」と発音します。

n(e)　鼻音の舌尖音（舌尖と上歯茎）。舌先を上歯茎の裏にあて、「ノォ」と発音します。

l(e)　辺音の舌尖音（舌尖と上歯茎）。舌先をきちんと上歯茎に押しつけて「ロォ」と発音します。英語の「l」の要領と同じ。

❸ 舌根音　g(e)　k(e)　h(e)

g(e) 無気音の舌根音（舌根と上喉）。舌根と上喉を合わせて、息を抑えながら「ゴォー」と発音します。日本語の「ガ行」の音に近い。

k(e) 有気音の舌根音（舌根と上喉）。舌根と上喉を合わせて、息を強く口の天井から「コォー」と発音します。日本語の「カ行」の音に近い。

h(e) 摩擦音の舌根音（舌根と上喉）。笑い声「ハー」の要領で、上喉を摩擦しながら「ホォー」と発音します。

❹ 舌面音　j(i)　q(i)　x(i)

j(i)　無気音の舌面音。舌先は平たいままで上下の歯の裏に軽くあて「ジープ」の「ジ」を発音します。発声するときは口を左右に少しひいて、「一」の形にします。

q(i)　有気音の舌面音。発声の要領は「ji」と同じですが、「qi」は有気音です。発声するときは口を左右に少しひいて、「一」の形にして、息を強くはき出しながら「パンチ」の「チ」を発音します。

x(i)　摩擦音の舌面音。発声の要領は「ji」と同じです。発声するときは口を左右に少しひいて、「一」の形にして、ローマ字の「c」を発音します。

❺ そり舌音　zh(i)　ch(i)　sh(i)　r(i)

＊そり舌音の「zhi」「chi」「shi」「ri」の「i」韻母はピンイン表記上の便宜的な「i」で、発音するときに韻母「i」には「イ」の音は全くありません。

zh(i)　そり舌音「zhi」は無気音です。舌先を少し巻き上げて、上の歯茎よりやや奥に軽くあて、なるべく息をおさえて「ヂー」と発音します。発音するときは口を自然にやや開いたままで発音します。

ch(i)　そり舌音「chi」は有気音です。発音の要領は「zhi」とほぼ同じですが、舌先を少し巻き上げて、上の歯茎につけずに、息をはき出しながら「チ」と発音します。発音するときは口を「zhi」と同じ、自然にやや開いたままで発音します。

sh(i)　そり舌音「shi」は摩擦音です。発声の要領は「chi」とほぼ同じですが、舌先を少し巻き上げて、上の歯茎につけずに、舌と上の歯茎の間に空気を通して、「シ」と発音します。発声するときは口を「zhi」「chi」と同じく、自然にやや開いたままで発音します。

r(i)　そり舌音「ri」は摩擦音です。発声の要領は「zhi」とほぼ同じですが、なるべく息をおさえて、「リ」と発音します。発声するときは口を「zhi」「chi」「shi」と同じく、自然にやや開いたままで発音します。

❻ 舌歯音　z(i)　c(i)　s(i)

＊舌歯音の「zi」「ci」「si」の「i」韻母はピンイン表記上の便宜的な「i」で、発音するときに韻母「i」には「イ」の音は全くありません。

z(i)　無気音の舌歯音。上下の歯は少し開いて、舌先は平いままで裏の上下歯の間に軽くあて、舌先は歯の外へ出ないように、「ズ」と発音します。息をなるべくおさえて舌先と上下歯の間で発声します。発音するときは口を左右の下にやや強くひいて「一」の形にします。

c(i)　有気音の舌歯音。発音の要領は「zi」と同じですが、「ci」は有気音です。発音するときは口を左右の下にやや強くひいて「一」の形にして、息を上下歯の間に強くはき出しながら「ツ」と発音します。発声場所は舌先と上下歯の間です。

s(i)　摩擦音の舌歯音。発音の要領は「zi」「ci」と同じですが、舌先は平いままで裏の上下歯の間にあてずに、舌先が歯の外へ出ないように、「ス」と発音します。発音するときは口を左右の下にやや強くひいて「一」の形にします。発音場所は舌先と上下歯の間です。

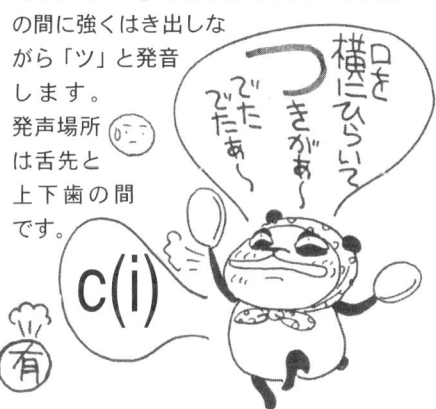

⚠️ そり舌音の「zhi」「chi」「shi」「ri」と舌歯音の「zi」「ci」「si」の「i」韻母には「イ」の音は全くありません。その他の声母（子音）の後ろの「i」韻母には「イ」の音があります。例えば、唇音の「bi」「pi」「mi」と舌尖音の「di」「ti」「ni」「li」と舌面音の「ji」「qi」「xi」の声母（子音）の後ろの「i」韻母には「イ」の音があります。

3. 軽声

　4つの声調*の他にもう一つ軽声という声調があります。軽声は漢字の本来固有の声調を失って、軽く短く発音されます。
　例えば、学生 xuéshengの「生」は本来固有の声調は第一声（shēng）ですが、「学」との組み合わせによって軽声になりました。
　つまり軽声は他の音節の後ろについて、固定した声調の高低がなく、軽く短く発声します。前の音節によって声調の高低が変わり、また文章の語尾の軽声は話し手の感情によって変わります。
　＊4つの声調の説明は「声調」（P. 22）を参照してください。

●他の音節の後ろにつく軽声

| 例 | bōli 玻璃 | péngyou 朋友 | zhěntou 枕头 | màozi 帽子 |

●文章の語尾の軽声

| 例 | nǐ 你 | ne 呢 | hǎo 好 | ma 吗 | duì 对 | le 了 | tòng 痛 | yo 哟 |

4. ピンインの音節構造表

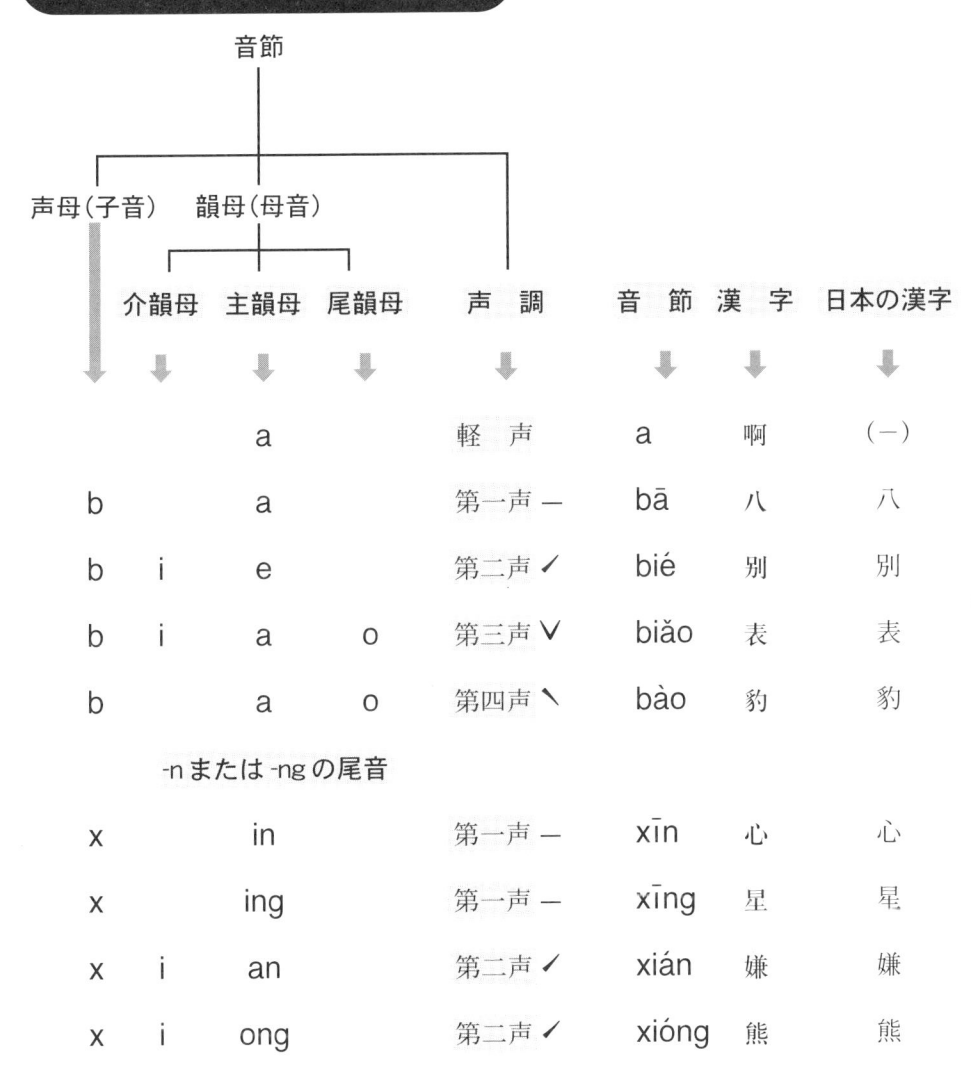

声母(子音)	介韻母	主韻母	尾韻母	声調	音節	漢字	日本の漢字
		a		軽声	a	啊	(—)
b		a		第一声 ―	bā	八	八
b	i	e		第二声 ╱	bié	別	別
b	i	a	o	第三声 ∨	biǎo	表	表
b		a	o	第四声 ╲	bào	豹	豹

-n または -ng の尾音

声母	介韻母	主韻母	尾韻母	声調	音節	漢字	日本の漢字
x		in		第一声 ―	xīn	心	心
x		ing		第一声 ―	xīng	星	星
x	i	an		第二声 ╱	xián	嫌	嫌
x	i	ong		第二声 ╱	xióng	熊	熊

声調 〈声調〉
STARTING GATE 2

1. 声調の概念

1　4つの声調

　声母と韻母だけでは中国語（漢字）の正確な発音はできません。正確な発音をするためにはそれぞれの漢字の音節に一つの声調が必要です。つまり、たとえ同じ音節でも声調が違ったら、漢字も違うし、意味も違います。

　例えば「買う（买 mǎi）」と「売る（卖 mài）」の音節（声母「m」と韻母「ai」）は同じですが、「買う」の声調が第三声「ˇ」（买 mǎi）で、「売る」の声調が第四声「ˋ」（卖 mài）です。発音するときに声調を間違えたら買うが売るになったり、売るが買うになったりします。

　中国語のアクセントは波のように上がったり下がったりします。中国語には4つの声調（第一声「ˉ」・第二声「ˊ」・第三声「ˇ」・第四声「ˋ」）と軽声があるからです。それぞれトーンの高さと音の長さが違います。単語やセンテンスになるとアクセントが上がったり下がったりします。

2　声調の3つの特徴

　それぞれ声調には3つの特徴があります。
❶ 声調（トーン）の高低。つまりアクセントが高中低3種類あります。
❷ 声調（トーン）の波動。第一声が平らに延長。第二声が中音から高音に伸ばします。第三声が中音から低音を経由してから中音へ戻ります。第四声が高音から低音へ下がります。
❸ 声調（トーン）の波長。4つの声調（1音節）の波長はそれぞれ違います。また他の声調との組み合わせ（2音節以上）によっても声調の波長が変わってきます。

3　声調の発音方法

　　　第一声　　　高平声　　　（高いトーンのまま平らに）
　　　第二声　　　平高声　　　（低いトーンから高いトーンへ）
　　　第三声　　　低昇声　　　（低くおさえてから昇る）
　　　第四声　　　高去声　　　（高いトーンから下がる）

4　声調の表記

　声調記号の第一声から第四声と軽声は下記のように表記されます。第一声「－」（例えば、bā）・第二声「ˊ」（例えば、bá）・第三声「ˇ」（例えば、bǎ）・第四声「ˋ」（例えば、bà）・軽声「無記号」（例えば、ba）。

　例えば、「b」の声母と韻母「a」の第一声から第四声と軽声の中国語の漢字と意味がそれぞれどうなっているか見てみましょう。

　　　第一声　　bā　　八　　（数字の8）
　　　第二声　　bá　　拔　　（抜き取る）
　　　第三声　　bǎ　　靶　　（射撃・矢の標的）
　　　第四声　　bà　　罢　　（中止・止める）
　　　軽　声　　ba　　吧　　（推量・疑問などの語気助詞）

2. 声調記号のつけ方

すべての声調記号は韻母（母音）の上につけます。

1 単韻母（母音）の音節

1-1 音節に単韻母の場合

声調記号はその単韻母の上につけます。

例

mǎyǐ	蚂蚁	〈蟻〉
sùdù	速度	〈速度・スピード〉
āyā	啊呀	〈あや・驚きを表す（感嘆詞）〉

1-2 声調記号

「i」につける場合は「i」の上の点を取って声調記号をつけます。

例

第一声「yī」　　第二声「yí」　　第三声「yǐ」　　第四声「yì」

1-3 「yü」「jü」「qü」「xü」の声調記号のつけ方

声調記号は「yü」「jü」「qü」「xü」の場合は「ü」の上の点点（¨）を取って声調記号をつけます。

例

「yü」→第一声「yū」・第二声「yú」・第三声「yǔ」・第四声「yù」
「jü」→第一声「jū」・第二声「jú」・第三声「jǔ」・第四声「jù」
「qü」→第一声「qū」・第二声「qú」・第三声「qǔ」・第四声「qù」
「xü」→第一声「xū」・第二声「xú」・第三声「xǔ」・第四声「xù」

1-4 その他の「ü」の声調記号のつけ方

その他の母音音節の場合は「ü」の上の点点（¨）を取らずそのまま声調記号をつけます。

例

「nü」→第一声「nǖ」・第二声「nǘ」・第三声「nǚ」・第四声「nǜ」
「lü」→第一声「lǖ」・第二声「lǘ」・第三声「lǚ」・第四声「lǜ」

1-5 「a」「o」「e」の韻母で始まる音節の前に別の音節がある場合

前の音節と区別するために「a」「o」「e」の前に「'」の記号をつけなければなりません。

例

「'」記号			無「'」記号	
tú'àn	图案	〈図案・模様〉→ tuán	团	〈球体や円形・団（組織）〉
jīn'ān	金安*	〈ご安泰〉→ jǐnán	济南	〈済南〉

＊ 旧式の手紙・書簡文の文末につける言葉

2 複韻母（複母音）の音節

音節に複韻母の場合の声調記号のつけ方は、以下のとおりです。

2-1 音節に複韻母の場合はまず「a」を見つける

例

măimài	买卖	〈売買・取引〉
kuàiyào	快要	〈もうじき・まもなく〉
jiàngshuài	将帅	〈司令官（軍隊）〉

2-2 複韻母「a」がなければ「o」を見つける

例

tòulòu	透漏	〈漏らす・漏れる〉	luòhòu	落后	〈遅れる〉
shōusuō	收缩	〈収縮する・縮小する〉			

2-3 複韻母「a」と「o」がなければ「e」を見つける

例

xuéjiè	学界	〈教育界〉	nèimèi	內妹	〈妻の妹〉
biéren	別人	〈他人*〉			

＊「biérén」の場合の"別人"は"ほかの人"の意味になります。これについては、L14「いろいろな軽声」(P. 152) の項を参照してください。

2-4 複韻母「i」と「u」が並んだら (iu) 後ろの「u」に声調をつける

本来の「iu」は「iou」です。「iou」の前に声母（子音）がつくと「-iu」とつづります。ただし、「iou」の前に声母 (y) がつくと「you」とつづります。

例

yǒu	有	〈ある〉	jiǔ	酒	〈酒〉
liù	六	〈6（数字）〉	niú	牛	〈牛〉

2-5 複韻母「u」と「i」が並んだら (ui) 後ろの「i」に声調をつける

本来の「ui」は「uei」です。「uei」の前に声母（子音）がつくと「-ui」とつづります。ただし、「uei」の前に声母 (w) がつくと「wei」とつづります。

例

wéi	喂*	〈(電話で) もしもし〉	guì	贵	〈(値段が) 高い〉
zuì	醉	〈酔う〉	shuǐ	水	〈水〉

＊電話に出るときに「喂」(wéi) と (wèi) 2つの発音がありますが、wéi の語気のほうが柔らかい感じがします。台湾や中国の南部などで使われています。女性には「喂」(wéi) をすすめます。「喂」(wèi) は人に声をかけるときに「もしもし君…」、ちょっと怒っているときにも使います。

[CD Track 5]

発音チャレンジ

Liúqiú	琉球	〈琉球（沖縄）〉
guīduì	归队	〈元の職場などに復帰する・帰隊する〉
kāishuǐ	开水	〈お湯・（一度沸かした）水〉
fēidié	飞碟	〈UFO・空飛ぶ円盤〉
guǐhuà	鬼话	〈でたらめ話・うそ〉
guǐjié	鬼节	〈なくなった祖先などを祭る節句（中国の清明節・中元節）〉
guǐyuè	鬼月	〈中国の旧暦7月の別称〉
guǐliǎn	鬼脸	〈（"あかんべえ"などの）おどけた顔・仮面（お面）〉
guǐzhǔyi	鬼主意	〈悪アイディア・悪だくみ〉
guǐzhīdao	鬼知道	〈（鬼しか知らないので）誰も知らない・知るわけがない〉
guǐhuàsānqiān	鬼话三千	〈うそばっかりいう〉

3. 大文字ピンインの規則

中国語のピンインは英語と同じく、センテンスのはじめや、固有名詞の最初のローマ字を大文字で表記します。

1 センテンス

3-1 センテンスのはじめに大文字

例

谢谢。	Xièxie.	〈ありがとうございます。〉
不谢。	Bú xiè.	〈どういたしまして。〉
我 是 作家。	Wǒ shì zuòjiā.	〈わたしは作家です。〉

2 固有名詞

2-1 人名の固有名詞

苗字と名前のはじめは大文字で表記します。

例

孙 悟空	Sūn Wùkōng	〈孫 悟空〉
杨 贵妃	Yáng Guìfēi	〈楊 貴妃〉

2-2 国と都市の固有名詞

例

日本	Rìběn	〈日本〉
台北	Táiběi	〈台北〉

2-3 都市固有名詞と一般名詞の組み合わせ

都市固有名詞と一般名詞のはじめは大文字で表記します。

例

| 台北 市 | Táiběi Shì | 〈台北市〉 |
| 四川 省 | Sìchuān Shěng | 〈四川省〉 |

2-4 地方固有名詞と一般名詞の組み合わせ

地方固有名詞と一般名詞のはじめは大文字で表記します。

例

| 长江 三峡 | Chángjiāng Sānxiá | 〈長江三峡〉 |
| 万里 长城 | Wànlǐ Chángchéng | 〈万里の長城〉 |

2-5 固有名詞と一般名詞の組み合わせ

固有名詞と一般名詞のはじめは大文字で表記します。

例

| 经济 日报 | Jīngjì Rìbào | 〈経済日報〉 |
| 华侨 饭店 | Huáqiáo Fàndiàn | 〈華僑ホテル〉 |

[CD Track 6]

発音チャレンジ

アジアの都市と国

第一声＋第一声〜第四声

① 西安〈西安〉　Xī'ān
② 昆明〈昆明〉　Kūnmíng
③ 香港〈香港〉　Xiānggǎng
④ 拉萨〈拉薩〉　Lāsà

第二声＋第一声〜第四声

⑤ 成都〈成都〉　Chéngdū
⑥ 合肥〈合肥〉　Héféi
⑦ 台北〈台北〉　Táiběi
⑧ 福建〈福建〉　Fújiàn

第三声＋第一声〜第四声

⑨ 广州〈広州〉　Guǎngzhōu
⑩ 济南〈済南〉　Jǐnán
⑪ 海口〈海口〉　Hǎikǒu
⑫ 武汉〈武漢〉　Wǔhàn

第四声＋第一声〜第四声

⑬ 郑州〈鄭州〉　Zhèngzhōu
⑭ 汉城〈漢城〉　Hànchéng
⑮ 上海〈上海〉　Shànghǎi
⑯ 印度〈インド〉　Yìndù

中国語の基本品詞　　STARTING GATE 3

※各基本品詞については、本書P.40以下各レッスンの漫画会話中の単語訳では（　）表記をしています。なお、単語訳中の（感嘆）は「感嘆詞」、（擬）は「擬声・擬態語」を表しています。

動詞　　动词 dòngcí　　（動）

事物の動作・状況・存在・作用などをいい表し、活用する品詞です。日本語と違って、中国語の述語文の目的語（名詞など）の前におかれています。

例　　chī　　　　　　dǎ　　　　　　　lái
　　　吃〈食べる〉　　打〈打つ〉　　　　来〈来る〉

　　　xué　　　　　　kàn
　　　学〈学ぶ〉　　　看〈見る〉

能願動詞　　能愿动词 néngyuàndòngcí　　（能動）

能願動詞は動詞の前におかれて、動作の能力・技能・願望・意欲などを表す助動詞です。

例　　huì　　　　　　néng　　　　　　kěyǐ　　　　　　　kěn
　　　会〈できる〉　　能〈できる〉　　可以〈できる〉　　肯〈承諾する〉

　　　xiǎng　　　　　yào
　　　想〈…したい〉　要〈…したい・…するつもり〉

形容詞　　形容詞　xíngróngcí　　(形)

五感の気持ちや物の性質・状態など様子を表す品詞です。形容詞は名詞を修飾します。中国語の形容詞は主に性質形容詞と状態形容詞（P.161参照）があります。
　性質形容詞は事物の自体の性質を表します。状態形容詞は事物の雰囲気や状態などを具体的に表現します。

例
- dà　　　　　　　xīn　　　　　　　suān
  大〈大きい〉　　　新〈新しい〉　　　酸〈酸っぱい〉

- rè　　　　　　　jìn
  热〈熱い〉　　　　近〈近い〉

副　詞　　副词　fùcí　　(副)

副詞は品詞を修飾します。中国語の副詞は主に形容詞・副詞・動詞・名詞を修飾します。

例
- hěn　　　　　　zhēn　　　　　　yě
  很〈とても〉　　真〈確かに〉　　　也〈…も〉

- bù(bú)　　　　 dōu
  不〈…ではない〉　都〈全部〉

数　詞　　数词　shùcí　　(数)

物の数や順序を表す品詞です。中国語は日本語と同じ、数字、分数、倍数などがあります。

例
- yī　　　　　　　èr　　　　　　　sān
  一〈一〉　　　　二〈二〉　　　　三〈三〉

- sì　　　　　　　wǔ
  四〈四〉　　　　五〈五〉

量詞　　量词 liàngcí　　動量詞　　动量词 dòngliàngcí
　　　　　　　（量）　　　　　　　　　（量）

　量詞は事物を数える単位の品詞です。量詞には一般名詞の量詞と動作の回数を数える単位の動量詞があります。
　中国語の量詞は日本語より多く、覚えるのはちょっと苦労するかもしれませんが、量詞の意味をよく理解すれば、それほど難しくはありません。

1 量　　詞

例　　ge　　　　　　　tiáo　　　　　　　piàn
　　个〈個〉　　　　　条〈匹・着・本〉　　片〈面〉

　　běn　　　　　　　zhī
　　本〈冊〉　　　　　只〈匹・羽〉

2 動 量 詞

例　　xià　　　　　　　cì　　　　　　　biàn
　　下〈回〉　　　　　次〈回〉　　　　　遍〈遍〉

名 詞　　名词 míngcí　（名）

　人・事・物体などの名を表す品詞です。中国語の述語文の主語や目的語などになることができます。

例　　huā　　　　　　　rén　　　　　　　jiā
　　花〈花〉　　　　　人〈人〉　　　　　家〈家〉

　　xià　　　　　　　yǔ
　　夏〈夏〉　　　　　雨〈雨〉

方位詞　方位词　fāngwèicí　（方）

　方位詞はある場所からの方位や位置を表す品詞です。中国語の方位詞には単方位詞「上」(上)・「下」(下) などと複合方位詞「上面」(上部)・「东边」(東側)・「前面」(前側) などがあります。

例
shàng(shang)	xià(xia)	
上〈上〉	下〈下〉	
qián	hòu	lǐ(li)
前〈前〉	后〈後ろ〉	里〈中・内〉
qiánmian	lǐbian	dōngbian
前面〈前方〉	里边〈内部〉	东边〈東側〉

人称代名詞　人称代名词　rénchēngdàimíngcí　（代）

　名前や物などの名称の代わりに使う品詞です。中国語には第一人称代名詞「我」(わたし) と第二人称代名詞「你」(あなた・君・おまえ) と丁寧な「您」(あなた) と第三人称代名詞「他」(彼) と「她」(彼女) があるほかに、物の第三人称代名詞「它」(それ・あれ　英語の it) があります。

　中国の北方語には「俺 ǎn」と「咱 zán」(おれ、わし) がありますが、普段会話に使われている中国語の第一人称代名詞は「我」です。日本語でいう僕・おれ・わしなどはあまり頻繁には使われません。

例
wǒ	nǐ	nín
我〈わたし〉	你〈あなた〉	您〈あなたの敬称〉
tā	tā	tā
他〈彼〉	她〈彼女〉	它〈それ・あれ：事物を指す〉

　中国語の第二人称代名詞には「你」と「您」があります。「您」は丁寧語で目上の方や初対面の方に使いますが、一般的には「你」を使います。日本語には先生や両親などにはあなたなどは使いませんが、中国語では先生や両親などの目上に対して「您」を使っても差し支えありません。

　人称代名詞に「们」をつければ複数形になります。

例
wǒmen	nǐmen	tāmen
我们〈わたしたち〉	你们〈あなたたち〉	他们〈彼ら〉

指示代名詞　　指示代名詞　zhǐshìdàimíngcí　　（代）

物や人の場所を指し示す品詞です。日本語にはこれ・それ・あれ・どれの４種類がありますが、中国語には「这」（これ）「那」（それ・あれ）「哪」（どれ）の３種類しかありません。自分より遠い場所を指し示す場合は全部「那」それ・あれを使います。

例　　zhè　　　　　　　　nà　　　　　　　　nǎ
　　 这〈これ〉　　　　　 那〈それ・あれ〉　　哪〈どれ〉

疑問代名詞　　疑问代名词　yíwèndàimíngcí　　（代）

疑問を表す品詞です。疑問詞は述語文では単独で使います。疑問代名詞に疑問の語気助詞「吗」（〜か？）をつけ加えて使うことはできません。

例　　shuí(shéi)　　　 jǐ　　　　　　　　duōshao
　　 谁〈誰〉　　　　　 几〈いくつ・いくら〉　多少〈いくら〉

　　 shénme　　　　　 wèishénme
　　 什么〈何〉　　　　 为什么〈なぜ・どうして〉

前置詞　　介词　jiècí（前置词　qiánzhìcí）　　（前）

前置詞は場所・位置・時間・方向など名詞や代名詞の前において句をつくります。

例　　zài　　　　　　　 gěi　　　　　　　 gēn
　　 在〈…で・…に〉　　 给〈…に〉　　　　 跟〈…と〉

　　 cóng　　　　　　　 lí
　　 从〈…から〉　　　　 离〈…から・…まで〉

接続詞　　连词　liáncí　（接）

述語と述語あるいは名詞と名詞などをつなぐ働きの品詞です。接続詞によって文の前後のさまざまな関係を表します。

例
- hé　和〈…と〉
- gēn　跟〈…と〉
- jí　及〈および〉
- kěshì　可是〈しかし〉
- dànshì　但是〈しかし〉
- búguò　不过〈しかし〉
- bìngqiě　并且〈しかも〉
- érqiě　而且〈かつ〉
- yīnwèi…(suǒyǐ)　因为…(所以)〈…だから〉
- háishi　还是〈それとも〉
- huòzhě　或者〈あるいは〉

助詞　　助词　zhùcí　（助）

助詞は単独で使えません。動詞の動作をサポートする品詞です。中国語の助詞には動態助詞「过」「着」・語気助詞「呢」「吧」「了」「啊」・構造助詞「的」「地」「得」などがあります。

例
- guò　过〈を終える・…したこと：経験〉
- ne　呢〈…ね・…よ：催促語気〉
- de　的〈…の…：所属関係を表す〉

1　動態助詞　　动态助词　dòngtàizhùcí

動態助詞は過去に発生した動作・経験（～したことがある）・事の状態などを表す品詞です。
「了」は過去の動作や行為などを表わします。「过」は過去の動作によって経験や強調を表します。「着」は動詞の後ろにおいて動作の進行している状況・状態・持続などを表します。

例
- le　了〈動作の完了〉
- guo　过〈を終える・…したこと：経験〉
- zhe　着〈…している〉

2　語気助詞　　语气助词　yǔqìzhùcí

語気助詞は文末におく助詞で、質問・強調・感嘆・確認・断定・推定などの語気を示します。

例
　ma
　吗〈…か：疑問〉

　ne
　呢〈強調・確認語気〉

　ba
　吧〈提案・要求などの語気〉

　le
　了〈確認・断定などの語気〉

　a
　啊〈感嘆・驚きなどの語気〉

　ya
　呀〈感嘆・驚きなどの語気〉

　de
　的〈肯定の判断などの語気〉

3　構造助詞　　构造助词　gòuzàozhùcí

構造助詞「的」は名詞などの後ろにおくと所有・所属の関係を表します。「地」は多音節語の形容詞・動詞の後ろにおいて、前の語句の状況を表します。「得」は動詞と形容詞の間をつないで、その動作や行為などの程度や可能を表します。

例
　de
　的〈…の…：所属〉

　de
　地〈形容詞と動詞の修飾語〉

　de
　得〈動詞と形容詞の間をつなぐ構造助詞〉

組句　　组句　zǔjù　　（組句）

このテキストの組句というのは2つ以上の品詞を組み合わせたフレーズです。
　例えば、動詞「没」（ない）と名詞「问题」（問題）の組み合わせで、「没问题」大丈夫という意味になります。

例
　méi wèntí
　没问题〈大丈夫〉

　chángchang kàn
　尝尝看〈食べてみる・味わってみる〉

　jǐ diǎn
　几点〈何時〉

発音練習MAP

声母(子音)

L3 d/
b/p
L5 g/

L2
ai/ei/ao/ou

L6
ia/ie/ua/uo/üe

L7
iao/iou/uai/uei

複韻母(複母音)島

単韻母(単母音)出島

L1
a/o/e/i/u/ü/er

韻母(母音)列

拼音大海

声調大陸

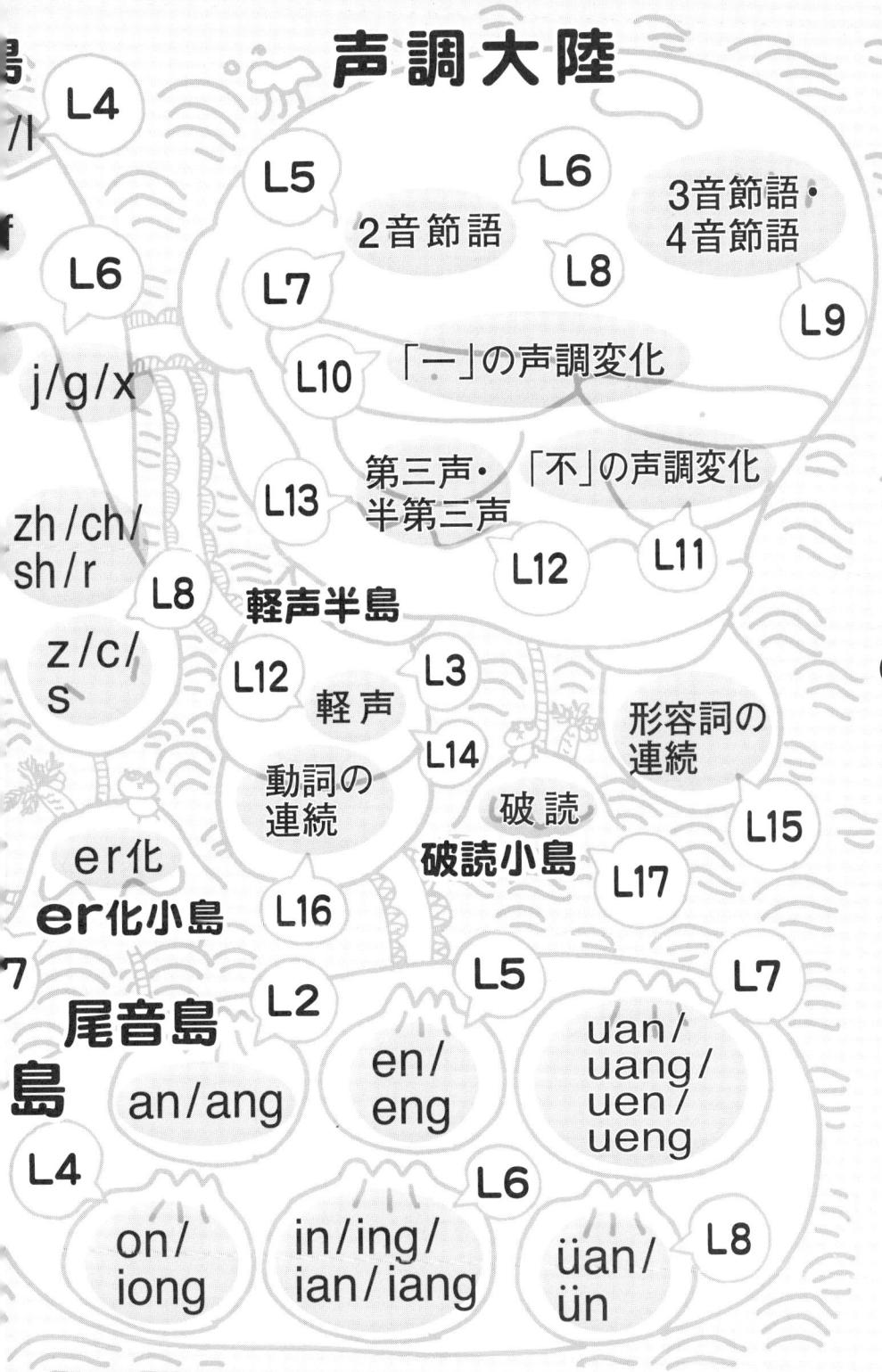

- L4
- L5 2音節語
- L6 3音節語・4音節語
- L7
- L8
- L9
- L6 j/g/x
- L10 「一」の声調変化
- zh/ch/sh/r
- L13 第三声・半第三声
- 「不」の声調変化
- L12
- L11
- z/c/s
- L8 軽声半島
- L12 軽声
- L3
- 動詞の連続
- L14
- 形容詞の連続
- 破読
- 破読小島
- L15
- er化
- er化小島
- L16
- L17
- 尾音島
- L2
- L5
- L7
- L4 an/ang
- en/eng
- uan/uang/uen/ueng
- L6
- on/iong
- in/ing/ian/iang
- üan/ün
- L8

L1 受欢迎的人
〈人気者〉

[CD Track 7]

1
Èyú shì yú ma?
鳄鱼是鱼吗?

Bú shì yú.
不是鱼。

2
Nà shì shàihēi de niǎo ma?
那是晒黑的鸟吗?

Guā~
呱～

Bú shì! Shì wūyā.
不是!是乌鸦。

3
Ó~!
哦～!

Tiān'é!!
天鹅!!

4
Bú shì tiān'é, shì yěyā.
不是天鹅,是野鸭。

Yěyā…
野鸭…

5
A! Xióngmāo!!
啊!熊猫!!

6
A!
啊!

Yāzuǐshòu!!
鸭嘴兽!!

7
Páiduì! Páiduì!
排队!排队!

Nǐ kàn!
你看!

Qíguài……
奇怪……

日本語訳

1. ワニって魚？
1. 魚じゃないよ。
2. あれって日焼けした鳥？
2. ちがうわよ！カラスに決まってるじゃん。
2. 乌鸦（カラス）カア～
3. わ～！白鳥！！
4. 白鳥じゃないよ、カモよ。
4. カモ…
5. 孩子们（こどもたち）あ！パンダ!!
6. 孩子们（こどもたち）あ！カモノハシ!!
7. 孩子们（こどもたち）わ～わ～
7. 並んで！並んで！
7. エッヘン！
7. へんなの…

生词（単語）

鳄鱼	èyú	（名）	ワニ
是	shì	（動）	…は…である
鱼	yú	（名）	魚
吗	ma	（助）	…か？(疑問の語気)
不	bù	（副）	いいえ・…ない(否定詞)
那	nà	（代）	それ・あれ・その・あの
晒	shài	（動）	日に当てる・照らす
黑	hēi	（形）	黒い
晒黑	shàihēi	（組句）	日焼け
的	de	（助）	…の（物）(形容詞の後ろにおき，その物事を修飾する)
鸟	niǎo	（名）	鳥
乌鸦	wūyā	（名）	カラス
哦	ó	（感嘆）	まあ・へえ（賛嘆・感動の語気）
天鹅	tiān'é	（名）	白鳥
野鸭	yěyā	（名）	カモ
啊	a	（感嘆）	感動・意外・肯定の語気
熊猫	xióngmāo	（名）	パンダ
鸭嘴兽	yāzuǐshòu	（名）	カモノハシ
排队	páiduì	（動）	整列する・行列する
你	nǐ	（代）	あなた・君
看	kàn	（動）	見る
你看	nǐkàn	（組句）	見ろ
奇怪	qíguài	（形）	おかしい・不思議・珍しい

招牌・标示（看板・標示）

光棍儿鳄鱼	guānggùnr'èyú	独身ワニ
动物园	dòngwùyuán	動物園
野鸭约会池	yěyāyuēhuìchí	カモデート池
不受欢迎	búshòuhuānyíng	人気がない人
签名会	qiānmínghuì	サイン会
小迷迷	Xiǎomímí	小迷迷
圆嘟嘟	Yuándūdū	圓嘟嘟
鸭扁扁	Yābiǎnbiǎn	鴨扁扁

拟声・拟态词（擬声・擬態語）

呱	guā	カアー
哇～哇～	wā~wā~	わ～わ～
一排排	yìpáipái	ずら～っ

学習重点

● 単韻母（単母音）… a / o / e / i(yi) / u(wu) / ü(yu) / er

1. 単韻母（単母音）

中国語の韻母（母音）は単韻母と複韻母と尾音（-n, -ng）があります。

単韻母（単母音）… a / o / e / i(yi) / u(wu) / ü(yu) / er

a 口は日本語の「ア」より少し大きく自然に大きく開けて、「a」を発音します。

o 口は a より小さく。日本語の「オ」よりも、丸めて少し前に突き出して、「o」を発音します。

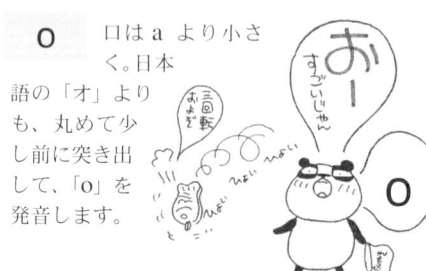

e 口はやや横丸、英語の girl「gə:l」の「ə」を発音します。

i(yi) 口は思い切って横にひいて「いーのよ」の「い」を発音します。

u(wu) 口は「o」よりもさらに小さく丸めて前に突き出して「うまい」の「う」を発音します。

ü(yu) 先に「いいなー」の「い」を発音しながら、徐々に唇を丸めて前に突き出して発音します（ドイツ語の「ü」より唇の先端に力を入れます）。

er	舌先を少し巻き上げて、上の歯茎につけずに「ァル」と発音します。発声するときは「ァ」音が弱く、「ル」音を強く、全体で「ァル」を分けずに、なめらかに発声します。

単韻母（単母音）のつづり方　単母音（単韵母）とそのつづり方（拼写法）

「a」「o」「e」だけで音節を構成する場合は、声母（子音）がなくても音節「a」・「o」・「e」になりますが、「i」と「u」と「ü」だけでは音節にはなりません。「yi」・「wu」・「yu」とつづります。以下に、単韻母（単韵母）→ つづり方（拼写法）を示します。

「a」 → 「a」　　　「o」 → 「o」　　　「e」 → 「e」

「i」 → 「yi」　　　「u」 → 「wu」　　　「ü」 → 「yu」

「er」 → 「er」

単韻母	声調記号のつけ方			
	第一声	第二声	第三声	第四声
a	ā	á	ǎ	à
o	ō	ó	ǒ	ò
e	ē	é	ě	è
i(yi)	yī	yí	yǐ	yì
u(wu)	wū	wú	wǔ	wù
ü(yu)	yū	yú	yǔ	yù
er	ēr	ér	ěr	èr

単韻母(単母音)の音節表

韻母\声母	b	p	m	f	d	t	n	l	g	k	h
a	ba	pa	ma	fa	da	ta	na	la	ga	ka	ha
o	bo	po	mo	fo	–	–	–	lo	–	–	–
e	–	–	me	–	de	te	ne	le	ge	ke	he
i(yi)	bi	pi	mi	–	di	ti	ni	li	–	–	–
u(wu)	bu	pu	mu	fu	du	tu	nu	lu	gu	ku	hu
ü(yu)	–	–	–	–	–	–	nü	lü	–	–	–

韻母\声母	j	q	x	zh	ch	sh	r	z	c	s
a	–	–	–	zha	cha	sha	–	za	ca	sa
o	–	–	–	–	–	–	–	–	–	–
e	–	–	–	zhe	che	she	re	ze	ce	se
i(yi)	ji	qi	xi	–	–	–	–	–	–	–
u(wu)	–	–	–	zhu	chu	shu	ru	zu	cu	su
ü(yu)	ju	qu	xu	–	–	–	–	–	–	–

＊「－」は該当音節なし。

[CD Track 8]

単韻母（単母音）の発音練習 （第一声→第二声→第三声→第四声→ … 確認声調）

●発音の練習方法：それぞれ4つの声調――第一声・第二声・第三声・第四声を練習して、最後に右端にある声調がうまく発音できるかどうかを確認します。

❶
ā	á	ǎ	à	…	ā
ā	á	ǎ	à	…	á
ā	á	ǎ	à	…	ǎ
ā	á	ǎ	à	…	à

❷
ō	ó	ǒ	ò	…	ō
ō	ó	ǒ	ò	…	ó
ō	ó	ǒ	ò	…	ǒ
ō	ó	ǒ	ò	…	ò

❸
ē	é	ě	è	…	ē
ē	é	ě	è	…	é
ē	é	ě	è	…	ě
ē	é	ě	è	…	è

❹
yī	yí	yǐ	yì	…	yī
yī	yí	yǐ	yì	…	yí
yī	yí	yǐ	yì	…	yǐ
yī	yí	yǐ	yì	…	yì

❺
wū	wú	wǔ	wù	…	wū
wū	wú	wǔ	wù	…	wú
wū	wú	wǔ	wù	…	wǔ
wū	wú	wǔ	wù	…	wù

❻
yū	yú	yǔ	yù	…	yū
yū	yú	yǔ	yù	…	yú
yū	yú	yǔ	yù	…	yǔ
yū	yú	yǔ	yù	…	yù

❼
ēr	ér	ěr	èr	…	ēr
ēr	ér	ěr	èr	…	ér
ēr	ér	ěr	èr	…	ěr
ēr	ér	ěr	èr	…	èr

甜的诱惑
〈甘い誘惑〉

[CD Track 9]

1 Àiqíng zuì zhòngyào.
爱情 最 重要。

2 Miànbāo cái zhòngyào.
面包 才 重要。

3 Yǒu miànbāo
有 面包
cái néng ānxīn ne!
才 能 安心 呢!

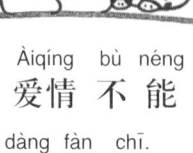

4 Àiqíng bù néng
爱情 不 能
dàng fàn chī.
当 饭 吃。

5 Zhǐ yǒu miànbāo
只 有 面包
néng xìngfú ma?
能 幸福 吗?

6 Tiándiǎn cái zhòngyào~ ♥
甜点 才 重要~ ♥

日本語訳

1. 一番大切なのは愛よね。
2. 一番大切なのはパンさ。
3. パンがあれば安心じゃん！
4. 愛は食べられないもん。
5. パンだけで幸せになれるの？
6. なんてったってデザートが大切だよ〜♥
6. 月餅ちゃぁ〜ん♥

生词（単語）

爱情	àiqíng	（名）	愛情
最	zuì	（副）	最も
重要	zhòngyào	（形）	重要な
面包	miànbāo	（名）	パン
才	cái	（副）	それでこそ・まさに
有	yǒu	（動）	ある
能	néng	（能動）	できる
安心	ānxīn	（動）	安心する
呢	ne	（助）	…ね（文末につけて強調の語気）
不	bù	（副）	…ない（否定詞）
不能	bùnéng	（組句）	できない
当	dàng	（動）	…とする・…とみなす
饭	fàn	（名）	ご飯
吃	chī	（動）	食べる
只	zhǐ	（副）	ただ・…だけ
幸福	xìngfú	（名）	幸せ・幸福
吗	ma	（助）	…か？（疑問の語気）
甜点	tiándiǎn	（名）	デザート
月饼	yuèbing	（名）	月餅
小姐	xiǎojie	（名）	おねえさん・ミス（未婚の若い女性）

月饼小姐 Yuèbing Xiǎojie
月餅さん・月餅ちゃん

招牌・标示（看板・標示）

月饼	yuèbing	月餅

> ● 複韻母（複母音）… ai/ei/ao/ou
> ● a 語頭尾音… an/ang

1. 複韻母（複母音）

複韻母（複母音）… ai/ei/ao/ou

ai 単韻母の「a」（ア）に「i」（イ）を軽く添えて。「a」（ア）は長く強く、「i」（イ）は短く、全体でなめらかに「ai」（アィ）。口は徐々に横にひきます。

ei 単韻母の「e」（エ）に「i」（イ）を軽く添えて。「e」（エ）は長く強く、「i」（イ）は短く、全体でなめらかに「ei」（エイ）。口は徐々に横にひきます。発音要領は「ai」（アィ）と同じ。

ao 単韻母の「a」（ア）に「o」（オ）を軽く添えて。「a」（ア）は長く強く、「o」（オ）は短く、全体でなめらかに「ao」（アォ）。口は徐々に丸く。発音要領は「ai」（アィ）と同じ。

ou 単韻母の「o」（オ）に「u」（ウ）を軽く添えて。「o」（オ）は長く強く、「u」（ウ）は短く、全体でなめらかに「ou」（オゥ）。口は徐々に丸く。発音要領は「ai」（アィ）と同じ。

複韻母(複母音)のつづり方 複韻母(复韵母)とそのつづり方(拼写法)

複韻母	声調記号のつけ方			
	第一声	第二声	第三声	第四声
ai	āi	ái	ǎi	ài
ei	ēi	éi	ěi	èi
ao	āo	áo	ǎo	ào
ou	ōu	óu	ǒu	òu

複韻母(複母音)の音節表

声母 韻母	b	p	m	f	d	t	n	l	g	k	h
ai	bai	pai	mai	–	dai	tai	nai	lai	gai	kai	hai
ei	bei	pei	mei	fei	dei	–	nei	lei	gei	kei	hei
ao	bao	pao	mao	–	dao	tao	nao	lao	gao	kao	hao
ou	–	pou	mou	fou	dou	tou	nou	lou	gou	kou	hou

声母 韻母	j	q	x	zh	ch	sh	r	z	c	s
ai	–	–	–	zhai	chai	shai	–	zai	cai	sai
ei	–	–	–	zhei	–	shei	–	zei	–	–
ao	–	–	–	zhao	chao	shao	rao	zao	cao	sao
ou	–	–	–	zhou	chou	shou	rou	zou	cou	sou

* 「–」は該当音節なし。

[CD Track 10]

複韻母(複母音)の発音練習(第一声→第二声→第三声→第四声→ … 確認声調)

●**発音の練習方法**：それぞれ4つの声調——第一声・第二声・第三声・第四声を練習して、最後に右端にある声調がうまく発音できるかどうかを確認します。

❶

āi	ái	ǎi	ài	・・・	āi
āi	ái	ǎi	ài	・・・	ái
āi	ái	ǎi	ài	・・・	ǎi
āi	ái	ǎi	ài	・・・	ài

❸

āo	áo	ǎo	ào	・・・	āo
āo	áo	ǎo	ào	・・・	áo
āo	áo	ǎo	ào	・・・	ǎo
āo	áo	ǎo	ào	・・・	ào

❷

ēi	éi	ěi	èi	・・・	ēi
ēi	éi	ěi	èi	・・・	éi
ēi	éi	ěi	èi	・・・	ěi
ēi	éi	ěi	èi	・・・	èi

❹

ōu	óu	ǒu	òu	・・・	ōu
ōu	óu	ǒu	òu	・・・	óu
ōu	óu	ǒu	òu	・・・	ǒu
ōu	óu	ǒu	òu	・・・	òu

2. a 語頭尾音

a 語頭尾音 … an/ang

an 鼻腔から出す前鼻音です。喉に緊張感を持って、声帯をふるわせずに「アンゼン」の「アン」を発音します。

ang 気持ちをリラックスさせ、声帯をふるわせて「アンゴウ」の「アン」を発音します。

a 語頭尾音の音節表

声母 韻母	b	p	m	f	d	t	n	l	g	k	h
an	ban	pan	man	fan	dan	tan	nan	lan	gan	kan	han
ang	bang	pang	mang	fang	dang	tang	nang	lang	gang	kang	hang

声母 韻母	j	q	x	zh	ch	sh	r	z	c	s
an	–	–	–	zhan	chan	shan	ran	zan	can	san
ang	–	–	–	zhang	chang	shang	rang	zang	cang	sang

＊「―」は該当音節なし。

[CD Track 11]

a 語頭尾音の発音練習

an
① bānmǎ　斑马〈シマウマ〉
② bànfǎ　办法〈方法〉
③ dǐpán　底盘〈車のシャーシー〉
④ dìpán　地盘〈地盤〉
⑤ mànbù　漫步〈漫歩〉
⑥ fānbǎn　翻版〈複製品〉
⑦ mǐfàn　米饭〈ライス〉
⑧ fànmài　贩卖〈販売〉

ang
⑨ bāngmáng　帮忙〈手伝う〉
⑩ bāngpài　帮派〈派閥〉
⑪ pángbái　旁白〈わきぜりふ〉
⑫ mángmù　盲目〈盲目〉
⑬ fángdì　房地〈家と土地〉
⑭ fángdàn　防弹〈防弾〉
⑮ bōfàng　播放〈放送・放映〉
⑯ fāngfǎ　方法〈方法〉

よりみちこみちひとやあみ１
〜小道小花〜

食べたい！　中華料理　想尝尝看的中国菜

北京烤鸭	Běijīngkǎoyā	北京ダック
麻婆豆腐	mápódòufu	マーボー豆腐
麻婆茄子	mápóqiézi	マーボー茄子
青椒肉丝	qīngjiāoròusī	チンジャオロースー
干烧明虾	gānshāomíngxiā	エビのチリソース煮
腰果鸡丁	yāoguǒjīdīng	鶏肉とカシューナッツの炒め
红烧鱼翅	hóngshāoyúchì	フカヒレの醤油煮
糖醋排骨	tángcùpáigǔ	酢豚
炒季节菜	chǎojìjiécài	季節の野菜炒め
八宝菜	bābǎocài	八宝菜
回锅肉	huíguōròu	ホイコーロー
糖醋鱼	tángcùyú	魚あんかけ
棒棒鸡	bàngbàngjī	バンバンジー
麻辣火锅	málàhuǒguō	マーラーしゃぶしゃぶ
酸辣汤	suānlàtāng	豆腐と千切りした筍などに酢・胡椒で味つけした酸味と辛味のスープ

蛋花汤	dànhuātāng	玉子スープ
青菜豆腐汤	qīngcàidòufutāng	野菜豆腐スープ
炒饭	chǎofàn	チャーハン
炒面	chǎomiàn	焼きそば
炒米粉	chǎomǐfěn	焼きビーフン
中华烩饭	Zhōnghuáhuìfàn	中華丼
什锦汤面	shíjǐntāngmiàn	五目野菜そば
榨菜汤面	zhàcàitāngmiàn	ザーサイそば
馄饨面	húntunmiàn	ワンタン麺
担担面	dàndànmiàn	タンタン麺（四川風味）（挽き肉と醤油煮の玉子が入ったそば）
青菜粥	qīngcàizhōu	野菜がゆ

うまい！ 中華軽食　好吃的中国小吃点心

锅贴	guōliē	焼きギョーザ
饺子	jiǎozi	ギョーザ
蒸饺子	zhēngjiǎozi	蒸しギョーザ
水饺子	shuǐjiǎozi	水（ゆで）ギョーザ
三鲜饺子	sānxiānjiǎozi	エビ・魚・貝などの海鮮の具が入ったギョーザ
菜包子	càibāozi	野菜まん
肉包子	ròubāozi	肉まん
叉烧包	chāshāobāo	チャーシューが入った肉まん
小笼包	xiǎolóngbāo	肉汁が入っている薄皮の小さい肉まん
银丝卷	yínsījuǎn	細い銀のような線が入ったマントー
烧卖	shāomài	シュウマイ
馒头	mántou	マントー（具がない蒸しパン）
花卷	huājuǎn	くるくる巻いた形のマントー
粽子	zòngzi	ちまき
春卷	chūnjuǎn	春巻き

おいしい！ 中華デザート　可口的中国甜点心

寿桃	shòutáo	祝い用のための桃の形のあんまん
杏仁豆腐	xìngréndòufu	あんにん豆腐
豆沙包子	dòushābāozi	あんまん
芝麻汤圆	zhīmátāngyuán	ごま入り白玉だんご
马拉糕	mǎlāgāo	マラガウ（中華風味のカステラ）
萨其马	sàqímǎ	サチマ（中国風味のおこし）
炸麻球	zhámáqiú	揚げごまだんご

L3 我不是小孩子
〈ボクはこどもじゃないよ〉 [CD Track 12]

1
Wǒ hē pútao jiǔ.
我喝葡萄酒。
Nǐ ne?
你呢？

Wǒ hē bái pútao jiǔ.
我喝白葡萄酒。

2
Wǒ hē píjiǔ.
我喝啤酒。

3
Nǐ jǐ suì?
你几岁？

4
Nà gěi tā kělè.
那给他可乐。

5
Gānbēi!
干杯！

日本語訳

1 ボク、ワインにする。キミは？
1 あたし白ワインにしようっと。
2 ボク、ビール。
3 あんた何歳？
3 …？
4 じゃあ、この子にはコーラをあげて。
5 カンパーイ！

生词（単語）

我	wǒ	（代）	わたし
喝	hē	（動）	飲む
葡萄	pútao	（名）	葡萄
酒	jiǔ	（名）	酒
葡萄酒	pútaojiǔ	（名）	ワイン
你	nǐ	（代）	あなた・君
呢	ne	（助）	…は？（確認の語気）
白	bái	（形）	白い
白葡萄酒	báipútaojiǔ	（名）	白ワイン
啤酒	píjiǔ	（名）	ビール
几	jǐ	（代）	いくつ（十以下の数をたずねる）
岁	suì	（名）	歳（年齢）
几岁	jǐsuì	（組句）	何歳
那	nà	（接）	それなら・それでは
给	gěi	（前）	…（誰）に
他	tā	（代）	彼
可乐	kělè	（名）	コーラ（飲料）
干杯	gānbēi	（動）	乾杯する

招牌・标示（看板・標示）

菜单	càidān	メニュー・献立表
中国菜	Zhōngguócài	中華料理
减肥可乐	jiǎnféikělè	ダイエットコーラ

L3 学習重点……b(o)/p(o)/m(o)/f(o)、軽声

学習重点

- 声母（子音）… b(o)/p(o)/m(o)/f(o)
- 軽声

1. 無気音と有気音

　　中国語の声母には、発音するときにそっと出す「無気音」と、強く息を出す「有気音」とがあります。発音の際、無気音は完全に息を出さないわけにはいきませんが、なるべく息をおさえて発音します。それに対して、有気音のほうは口の中に息をためておいて息を強くはき出して発音します。発音の練習方法は、STARTING GATE 1 （P.13）を参照してください。

2. 声母（子音）

声母（子音）の唇音… b(o)/p(o)/m(o)/f(o)

b(o) 　無気音の両唇音。上唇と下唇を閉じたところから軽く「ボード」の「ボ」を発音します。

p(o) 　有気音の両唇音。閉じた上唇と下唇から口中の息を強くはき出して、「汽車ポッポ」の「ポ」（プゥオ）を発音します。

m(o) 　鼻音の両唇音。上下の唇を合わせて少し口を開けて「モー」と発音します。

f(o) 　摩擦音の唇歯音（上歯と下唇）。上歯は軽く下唇において「フォー」と発音します。

[CD Track 13]

唇音の発音練習 （第一声→第二声→第三声→第四声→… 確認声調）

●**発音の練習方法**：それぞれ4つの声調——第一声・第二声・第三声・第四声を練習して、最後に右端にある声調がうまく発音できるかどうかを確認します。

bō　bó　bǒ　bò　…　bō
pō　pó　pǒ　pò　…　pó
mō　mó　mǒ　mò　…　mǒ
fō　fó　fǒ　fò　…　fò

bō　bó　bǒ　bò　…　bópó　伯婆　〈祖父の兄の妻〉
bō　bó　bǒ　bò　…　bómó　薄膜　〈薄い膜〉

pō　pó　pǒ　pò　…　pōmò　泼墨　〈溌墨〉

mō　mó　mǒ　mò　…　mópò　磨破　〈すり切る〉
mō　mó　mǒ　mò　…　mòmò　默默　〈黙々として〉

L3 学習重点… b(o) / p(o) / m(o) / f(o) 軽声

3. 軽声

軽声

軽声は漢字の本来固有の声調を失って、軽く短く発音されます。

例えば、学生 xuésheng の「生」は本来固有の声調は第一声（shēng）ですが、「学」との組み合わせによって軽声になりました。

軽声は他の音節の後ろについて、固定した声調の高低がなく、軽く短く発声します。前の音節によって声調の高低が変わり、また文章の語尾の軽声は話し手の感情によって変わります。

● 他の音節の後ろにつく軽声

例　　bōli　　　　péngyou　　zhěntou　　màozi
　　玻璃（ガラス）朋友（友達）　枕头（枕）　帽子（帽子）

● 文章の語尾の軽声

例　　ni ne　　　　hǎo ma　　　　duì le　　　　tòng yo
　　你呢（あなたは）好吗（いいですか）对了（正しかった）痛哟（痛いよ）

[CD Track 14]

軽声の発音練習 （第一声→第二声→第三声→第四声→ … 確認声調）

唇音「b」「p」「m」「f」

bō	bó	bǒ	bò	・・・	bóbo	伯伯	〈伯父さん〉
pō	pó	pǒ	pò	・・・	pópo	婆婆	〈姑〉
mā	má	mǎ	mà	・・・	māma	妈妈	〈お母さん〉
fū	fú	fǔ	fù	・・・	fūfu	──	〈―〉

[CD Track 15]

ピンインの区別　唇音(b/p/m/f)と複韻母(ai/ei/ao/ou)

bái — pái	……	白〈白〉	牌〈牌〉	mèi — méi	……	妹〈妹〉	没〈没〉
bèi — pèi	……	被〈被〉	配〈配〉	māo — máo	……	猫〈猫〉	毛〈毛〉
bǎo — pǎo	……	饱〈飽〉	跑〈―〉	móu — mǒu	……	谋〈謀〉	某〈某〉
mǎi — mài	……	买〈買〉	卖〈売〉	fēi — féi	……	非〈非〉	肥〈肥〉

[CD Track 16]

声調の発音練習 （第一声→第二声→第三声→第四声→ … 確認声調）

〈P.54 の漫画会話中の単語を使っての練習です。〉

声母（子音）と単韻母（単母音）

wō	wó	wǒ	wò	… wǒ	我	wǒ
hē	hé	hě	hè	… hē	喝	hē
pū	pú	pǔ	pù	… pú	葡萄	pútao
nī	ní	nǐ	nì	… nǐ	你	nǐ
nē	né	ně	nè	… ne	呢	ne
pī	pí	pǐ	pì	… pí	啤酒	píjiǔ
jī	jí	jǐ	jì	… jǐ	几	jǐ
nā	ná	nǎ	nà	… nà	那	nà
tā	tá	tǎ	tà	… tā	他	tā
kē	ké	kě	kè	… kě	可乐	kělè
lē	lé	lě	lè	… lè	可乐	kělè

声母（子音）と複韻母（複母音）ai/ei/ao/ou

tāo	táo	tǎo	tào	… tao	葡萄	pútao
bāi	bái	bǎi	bài	… bái	白	bái
gēi	géi	gěi	gèi	… gěi	给	gěi
bēi	béi	běi	bèi	… bēi	干杯	gānbei

L3 学習重点 … b(o)／p(o)／m(o)／f(o) 軽声

L4 菜也想说"腻"了
〈料理もいいたい「飽きちゃった」〉 [CD Track 17]

1
Jīntiān yǒu shénme tèbié liàolǐ ne?
今天有什么特别料理呢？

2
Yǒu bōcài hé mápódòufu.
有菠菜和麻婆豆腐。

3
Āiyā~, wǒ dōu chīnì le.
哎呀~，我都吃腻了。

4
Nǐ nàme féi yīnggāi jiǎnjian féi!
你那么肥应该减减肥！

5
Wǒ bú shì féi, wǒ zhǐ shì yǒudiǎnr pàng.
我不是肥，我只是有点儿胖。

6
Kěshì nǐ pàngde lián bózi dōu méiyǒu.
可是你胖得连脖子都没有。

日本語訳

1. 今日のごちそう、な〜に？
2. ほうれん草とマーボー豆腐。
3. え〜、ボクみんな飽きちゃったよ。
3. 月・火・水・木・金、毎日同じ料理じゃん!!
4. あんたそんなデブデブになってるんだから、ダイエットでもしたらいいのに！
5. ボクはデブなんじゃなくて、ちょっと太ってるだけだよ。
6. でも太りすぎで、首だってぜ〜んぜんないじゃん。

生词（単語）

今天	jīntiān	（名）	今日
有	yǒu	（動）	ある
什么	shénme	（代）	何
特别	tèbié	（副）	特別
料理	liàolǐ	（名）	料理
呢	ne	（助）	…の（か）？（確認の語気）
菠菜	bōcài	（名）	ほうれん草
和	hé	（接）	…と・及び
麻婆豆腐	mápódòufu	（名）	マーボー豆腐
哎呀	āiyā	（感嘆）	不満や不機嫌などのときに発する言葉
我	wǒ	（代）	わたし
都	dōu	（副）	みな・すべて・全部
吃	chī	（動）	食べる
腻	nì	（形）	飽きる・飽き飽きする・嫌になる
了	le	（助）	…た（動作や行為などの完了と変化）
吃腻了	chīnìle	（組句）	食べ飽きる
星期一	xīngqīyī	（名）	月曜日
星期二	xīngqī'èr	（名）	火曜日
星期三	xīngqīsān	（名）	水曜日
星期四	xīngqīsì	（名）	木曜日
星期五	xīngqīwǔ	（名）	金曜日
一样	yíyàng	（形）	同じである
的	de	（助）	（形容詞の後ろにおき、その物事を修飾する）
菜	cài	（名）	料理・おかず
你	nǐ	（代）	あなた・君
那么	nàme	（代）	そんなに・それほどに
肥	féi	（形）	（動物が）肥えている（太っている人間が「胖」）
应该	yīnggāi	（能動）	…すべき（道理からして当然すべき）
减	jiǎn	（動）	減らす・減る
减减	jiǎnjian	（動）	ちょっと減らす
减肥	jiǎnféi	（名）	ダイエット・体重を減らす
不	bù	（副）	いいえ…ない
是	shì	（動）	…は…である
不是	búshì	（組句）	…ではない
只	zhǐ	（副）	ただ・…だけ
有点儿	yǒudiǎnr	（副）	少し・少々
胖	pàng	（形）	（人間が）太っている
可是	kěshì	（接）	しかし
得	de	（助）	（結果又は程度を表す補語を導く）
连	lián	（前）	…さえ
脖子	bózi	（名）	首
没有	méiyǒu	（動）	（所有や存在）…していない

学習重点
- o 語頭尾音 … ong/iong(yong)
- 声母（子音）… d(e)/t(e)/n(e)/l(e)

1. o 語頭尾音

o 語頭尾音 … ong/iong (yong)

ong 口は丸く開けて、口内を円形にして口内の全体で発声します。気持ちをリラックスさせ、英語の「オンライン」の「オン」を発音します。単独では使わず、必ず声母を伴います。

iong(yong) 口は少し丸く開けて、気持ちをリラックスさせ、「ィオン」と発音します。

o 語頭尾音の音節表

声母 韻母	b	p	m	f	d	t	n	l	g	k	h
ong	−	−	−	−	dong	tong	nong	long	gong	kong	hong
iong (yong)	−	−	−	−	−	−	−	−	−	−	−

声母 韻母	j	q	x	zh	ch	sh	r	z	c	s
ong	−	−	−	zhong	chong	−	rong	zong	cong	song
iong (yong)	jiong	qiong	xiong	−	−	−	−	−	−	−

＊「−」は該当音節なし。

[CD Track 18]

O 語頭尾音の発音練習

ong
① dòngfáng 洞房〈新婚夫婦の部屋〉　② fángdōng 房东〈大家〉
③ tóngbān 同班〈クラスメート〉　④ tóngbàn 同伴〈同伴〉
⑤ nóngdù 浓度〈濃度〉　⑥ nòngfān 弄翻〈ひっくり返す〉
⑦ lóngfèng 龙凤〈竜と鳳凰〉　⑧ lǒngtǒng 笼统〈大ざっぱ〉

iong (yong)
⑨ jiǒngpò 窘迫〈ひどく苦しい〉　⑩ jiǒngtài 窘态〈窮状〉
⑪ qióngbēi 琼杯〈玉杯〉　⑫ qióngdì 穹地〈盆地〉
⑬ xiōngdì 兄弟〈兄弟〉　⑭ xiōngbù 胸部〈胸部〉
⑮ xióngfēi 雄飞〈雄飛する〉　⑯ xióngdǎn 熊胆〈熊の胆嚢〉
⑰ yōngbào 拥抱〈抱擁〉　⑱ yǒnggǎn 勇敢〈勇敢〉

2. 声母（子音）

声母（子音）の舌尖音… d(e)/t(e)/n(e)/l(e)

d(e) 無気音の舌尖音（舌尖と上歯茎）。舌先を軽く上歯茎の裏にあて、「グッド」の「ドォ」を発音します。

t(e) 有気音の舌尖音（舌尖と上歯茎）。発音要領は「de」と同じ、息を強くはき出して「トォ」と発音します。

n(e) 鼻音の舌尖音（舌尖と上歯茎）。舌先を上歯茎の裏にあて、「ノォ」と発音します。

l(e) 辺音の舌尖音（舌尖と上歯茎）。舌先をきちんと上歯茎に押しつけて「ロォ」と発音します。英語の「l」の要領と同じ。

[CD Track 19]

舌尖音の発音練習 （第一声→第二声→第三声→第四声→ … 確認声調）

●発音の練習方法：それぞれ4つの声調——第一声・第二声・第三声・第四声を練習して、最後に右端にある声調がうまく発音できるかどうかを確認します。

(舌尖音「d」「t」「n」「l」)

dē	dé	dě	dè	・・・	dē
tē	té	tě	tè	・・・	té
nē	né	ně	nè	・・・	ně
lē	lé	lě	lè	・・・	lè

(舌尖音と軽声)

dī	dí	dǐ	dì	・・・	dìdi	弟弟	〈弟〉
tī	tí	tǐ	tì	・・・	tìti	剃剃	〈剃〉
nē	né	ně	nè	・・・	nène	呐呐	〈呐〉
lē	lé	lě	lè	・・・	lèle	乐乐	〈楽〉

[CD Track 20]

ピンインの区別　舌尖音(d/t/n/l)と複韻母(ai/ei/ao/ou)

dài — tài	……	代〈代〉	太〈太〉
dǎo — tǎo	……	岛〈島〉	讨〈討〉
dòu — tòu	……	豆〈豆〉	透〈透〉
nèi — lèi	……	内〈内〉	泪〈涙〉
nǎo — lǎo	……	脑〈脳〉	老〈老〉

dài — dāi	……	带〈帯〉	呆〈呆〉
dào — dǎo	……	道〈道〉	导〈導〉
dōu — dǒu	……	都〈都〉	蚪〈蚪〉
tài — tái	……	态〈態〉	台〈台〉
táo — tào	……	桃〈桃〉	套〈套〉
tóu — tōu	……	头〈頭〉	偷〈偸〉

nài — nǎi	……	奈〈奈〉	奶〈─〉	lài — lái	……	赖〈賴〉 来〈来〉
něi — nèi	……	馁〈餒〉	内〈内〉	léi — lěi	……	雷〈雷〉 垒〈壘〉
nào — nǎo	……	闹〈鬧〉	恼〈惱〉	láo — lāo	……	劳〈勞〉 捞〈撈〉
				lòu — lóu	……	露〈露〉 楼〈楼〉

〈P.60 の漫画会話中の単語を使って、自分で練習してみましょう！〉

声調の発音練習（第一声→第二声→第三声→第四声→ … 確認声調）

声母（子音）と単韻母（単母音）

mē	mé	mě	mè ・・・	⌒me⌒	什么	shénme
tē	té	tě	tè ・・・	⌒tè⌒	特别	tèbié
lī	lí	lǐ	lì ・・・	⌒lǐ⌒	料理	liàolǐ
nē	né	ně	nè ・・・	⌒ne⌒	呢	ne
bō	bó	bǒ	bò ・・・	⌒bō⌒	菠菜	bōcài
hē	hé	hě	hè ・・・	⌒hé⌒	和	hé
mā	má	mǎ	mà ・・・	⌒má⌒	麻婆	mápó
pō	pó	pǒ	pò ・・・	⌒pó⌒	麻婆	mápó
fū	fú	fǔ	fù ・・・	⌒fu⌒	豆腐	dòufu
yā	yá	yǎ	yà ・・・	⌒yā⌒	哎呀	āiyā
wō	wó	wǒ	wò ・・・	⌒wǒ⌒	我	wǒ
nī	ní	nǐ	nì ・・・	⌒nì⌒	腻	nì
lē	lé	lě	lè ・・・	⌒le⌒	了	le
nī	ní	nǐ	nì ・・・	⌒nǐ⌒	你	nǐ
nā	ná	nǎ	nà ・・・	⌒nà⌒	那	nà
bū	bú	bǔ	bù ・・・	⌒bú⌒	不	bú

dē	dé	dě	dè	···	de	得	de
bō	bó	bǒ	bò	···	bó	脖子	bózi
zī	zí	zǐ	zì	···	zi	脖子	bózi

声母（子音）と複韻母（複母音）ai/ei/ao/ou

cāi	cái	cǎi	cài	···	cài	菜	cài
dōu	dóu	dǒu	dòu	···	dòu	豆	dòu
āi	ái	ǎi	ài	···	āi	哎呀	āiyā
dōu	dóu	dǒu	dòu	···	dōu	都	dōu
gāi	gái	gǎi	gài	···	gāi	应该	yīnggāi
fēi	féi	fěi	fèi	···	féi	肥	féi
mēi	méi	měi	mèi	···	méi	没有	méiyǒu

よりみちこみちひとやすみ 2
～小道小花～

飲みたい！ 中国茶　　想喝的中国茶

乌龙茶	wūlóngchá	烏龍茶・ウーロン茶
龙井茶	lóngjǐngchá	龍井茶
铁观音	tiěguānyīn	鉄観音
普洱茶	pǔ'ěrchá	プーアル茶
白毫茶	báiháochá	白毫（はくもう）茶
香片茶	xiāngpiànchá	ジャスミン茶
茉莉花茶	mòlìhuāchá	ジャスミン茶
花茶	huāchá	ジャスミン茶
清茶	qīngchá	緑茶
绿茶	lǜchá	緑茶
祁门红茶	Qíménhóngchá	キーマン紅茶

好きな飲み物は…　　喜欢的各种饮料

红茶	hóngchá	紅茶
咖啡	kāfēi	コーヒー
冰咖啡	bīngkāfēi	アイスコーヒー
可可	kěkě	ココア
可乐	kělè	コーラ
汽水	qìshuǐ	サイダー
果汁	guǒzhī	ジュース
橘子汁	júzizhī	オレンジジュース
柠檬汁	níngméngzhī	レモンジュース
苹果汁	píngguǒzhī	リンゴジュース
番茄汁	fānqiézhī	トマトジュース
矿泉水	kuàngquánshuǐ	ミネラルウォーター
冷开水	lěngkāishuǐ	湯冷まし

飲んでみたい！ 中国の名酒　　想喝喝看的中国名酒

白酒	báijiǔ	蒸留酒の総称
黄酒	huángjiǔ	醸造酒の総称
老酒	lǎojiǔ	ラオチュウ（黄酒の一種）
啤酒	píjiǔ	ビール
青岛啤酒	Qīngdǎopíjiǔ	チンタオビール
竹叶清酒	zhúyèqīngjiǔ	竹葉（ちくよう）酒
茅台酒	Máotáijiǔ	マオタイ酒
高粱酒	gāoliangjiǔ	コウリャン酒
绍兴酒	Shàoxīngjiǔ	紹興酒（黄酒の一種）
花雕酒	huādiāojiǔ	花彫（はなぼり）（紹興酒の一種）
荔枝酒	lìzhījiǔ	レイシ酒

L5 我不是麦克风
〈ボクはマイクじゃないよ〉 [CD Track 21]

1
Wǒ xiǎng chàng "Yèláixiāng".
我 想 唱 "夜来香"。

2
Wǒ xiǎng chàng "Àiren".
我 想 唱 "爱人"。

3
"Àiren" wǒ yě huì chàng.
"爱人" 我 也 会 唱。

4
Nà wǒ chàng "Dàxióngmāoyīntóu".
那 我 唱 "大熊猫音头"。

5
Zhè shǒu gē wǒ yě huì chàng~
这 首 歌 我 也 会 唱~

Màikèfēng gěi wǒ~
麦克风 给 我~

6
Màikèfēng
麦克风
……
……

7
Ā~, kǎlā OK zhēn yǒuyìsi!
啊~，卡拉OK 真 有意思！

日本語訳

1. あたし『夜来香』を歌うわ。
2. ボク『愛人』にする。
3. あたし『愛人』も歌えるよ。
4. じゃあボクは『パンダ音頭』歌おーっと。
5. その歌もあたし歌える〜
6. マイク、ボクにちょうだいよ〜
7. マイク…
8. あ〜、カラオケってホント、おもしろ〜い！

生词（単語）

我	wǒ	（代）わたし
想	xiǎng	（能動）…したい・するつもり
唱	chàng	（動）歌う
夜来香	Yèláixiāng	（名）イエライシャン（植物名）（曲名）
爱人	Àiren	（名）恋人・愛人（曲名）
也	yě	（副）…も
会	huì	（能動）できる（学習により習得した技能）
那	nà	（代）それなら・それでは
大	dà	（形）大きい
熊猫	xióngmāo	（名）パンダ
音头	yīntóu	（名）音頭
大熊猫音头	Dàxióngmāoyīntóu	（名）パンダ音頭（曲名）
这	zhè	（代）これ・この
首	shǒu	（量）（歌を数える量詞）
歌	gē	（名）歌
麦克风	màikèfēng	（名）マイク
给	gěi	（動）…くれる、あげる
啊	ā	（感嘆）感動・意外・肯定の語気
卡拉OK	kǎlā OK	（名）カラオケ
真	zhēn	（副）とても・本当に
有意思	yǒuyìsi	（動）おもしろい

招牌・标示（看板・標示）

卡拉OK	kǎlā OK	カラオケ

拟声・拟态词（擬声・擬態語）

噼噼啪啪	pīpīpāpā	ぱちぱち

学習重点	● e 語頭尾音… en/eng ● 声母（子音）… g(e)/k(e)/h(e)

1. e 語頭尾音

e 語頭尾音… en/eng

en 口をやや横に開けて、「エンドウさん」の「エン」を発音しながら、上下の唇を少し近づけます。最後まで口は閉じないままです。

eng 「eng」の「e」(エ)は「en」の「e」(エ)より弱く発音します。「エン」よりも「オン」のほうが近い。口は少し開けてリラックスさせ、胸部あたりから「オン」と発音します。単独では使わず、必ず声母を伴います。

e 語頭尾音の音節表

声母 韻母	b	p	m	f	d	t	n	l	g	k	h
en	ben	pen	men	fen	den	–	nen	–	gen	ken	hen
eng	beng	peng	meng	feng	deng	teng	neng	leng	geng	keng	heng

声母 韻母	j	q	x	zh	ch	sh	r	z	c	s
en	–	–	–	zhen	chen	shen	ren	zen	cen	sen
eng	–	–	–	zheng	cheng	sheng	reng	zeng	ceng	seng

＊「–」は該当音節なし。

[CD Track 22]

e 語頭尾音の発音練習

en	① bēnbō	奔波〈駆け回り苦労する〉	② běnlái	本来〈本来〉
	③ péndì	盆地〈盆地〉	④ ménhù	门户〈門戸〉
	⑤ fēnlí	分离〈分かれる〉	⑥ fěnbǐ	粉笔〈チョーク〉
	⑦ gēnběn	根本〈根本〉	⑧ kěnpì	垦辟〈開墾する〉
	⑨ ēn'ài	恩爱〈夫婦の愛〉	⑩ ēndé	恩德〈恩徳〉
eng	⑪ bēngdài	绷带〈包帯〉	⑫ děngdài	等待〈待つ〉
	⑬ fēngdù	风度〈風格・風貌〉	⑭ fènglí	凤梨〈パイナップル〉
	⑮ nénglì	能力〈能力〉	⑯ lěngpán	冷盘〈前菜〉
	⑰ gēngtāng	羹汤〈スープ〉	⑱ kēngdào	坑道〈坑道〉

2. 声母（子音）

声母（子音）の舌根音… g(e)/k(e)/h(e)

g(e) 無気音の舌根音（舌根と上喉）。舌根と上喉を合わせて、息を抑えながら「ゴォー」と発音します。日本語の「ガ行」の音に近い。

k(e) 有気音の舌根音（舌根と上喉）。舌根と上喉を合わせて、息を強く口の天井から「コォー」と発音します。日本語の「カ行」の音に近い。

h(e) 摩擦音の舌根音（舌根と上喉）。笑い声「ハー」の要領で、上喉を摩擦しながら「ホォー」と発音します。

[CD Track 23]

舌根音の発音練習 （第一声→第二声→第三声→第四声→ … 確認声調）

●**発音の練習方法**：それぞれ４つの声調——第一声・第二声・第三声・第四声を練習して、最後に右端にある声調がうまく発音できるかどうかを確認します。

舌根音 「g」「k」「h」

gē	gé	gě	gè	…	gē
kē	ké	kě	kè	…	ké
hē	hé	hě	hè	…	hě

舌根音と軽声

gē	gé	gě	gè	…	gēge	哥哥	〈哥〉
kē	ké	kě	kè	…	kēke	磕磕	〈―〉
hē	hé	hě	hè	…	hēhe	喝喝	〈喝〉

[CD Track 24]

ピンインの区別　舌根音（g/k/h）と複韻母（ai/ei/ao/ou）

gāi — kāi	…… 该〈該〉 开〈開〉
gǎi — kǎi	…… 改〈改〉 凯〈凱〉
gǎo — kǎo	…… 稿〈稿〉 烤〈―〉
gāo — kāo	…… 糕〈―〉 尻〈尻〉
gòu — kòu	…… 购〈購〉 扣〈扣〉
gài — hài	…… 概〈概〉 害〈害〉
gǎo — hǎo	…… 搞〈―〉 好〈好〉
gài — hài	…… 盖〈蓋〉 亥〈亥〉
kòu — hòu	…… 叩〈叩〉 后〈後〉

gāi — gài	…… 垓〈垓〉 钙〈―〉
gào — gāo	…… 告〈告〉 高〈高〉
gòu — gōu	…… 垢〈垢〉 沟〈溝〉
kāi — kǎi	…… 开〈開〉 楷〈階〉
kǎo — kào	…… 考〈考〉 靠〈靠〉
hái — hǎi	…… 还〈還〉 海〈海〉
hào — háo	…… 浩〈浩〉 毫〈毫〉
hòu — hóu	…… 候〈候〉 猴〈猴〉
gěi — hēi	…… 给〈給〉 黑〈黑〉

[CD Track 25]

2音節語（第一声＋第一声〜軽声）の発音練習

第一声＋第一声
- bānjiā　搬家〈引っ越し〉
- fādāi　发呆〈ぼんやりする〉
- hōnggān　烘干〈干す〉
- fēnfāng　芬芳〈芳しい〉
- pāndēng　攀登〈よじ登る〉
- lākāi　拉开〈引いて開ける〉
- tōngfēng　通风〈風を通す〉
- gāodī　高低〈高低・上下〉

第一声＋第二声
- gōngnéng　功能〈功能〉
- gāolíng　高龄〈高齢〉
- bēnténg　奔腾〈跳ね上がる〉
- hēibái　黑白〈白黒〉
- tānpái　摊牌〈勝負を決する〉
- gāomíng　高明〈賢い〉
- fēnmíng　分明〈明らかである〉
- tūtóu　秃头〈はげた頭〉

第一声＋第三声
- gēpǔ　歌谱〈楽譜〉
- dūdǎo　督导〈監督指導する〉
- hēibǎn　黑板〈黒板〉
- fāngfǎ　方法〈方法〉
- kēdǒu　蝌蚪〈オタマジャクシ〉
- tūbǎn　凸版〈凸版〉
- fēiniǎo　飞鸟〈空を飛ぶ鳥〉
- kāngkǎi　慷慨〈慷慨〉

第一声＋第四声
- dāpèi　搭配〈組み合わせる〉
- fūfù　夫妇〈夫婦〉
- gānlào　干酪〈チーズ〉
- kōngdòng　空洞〈空洞〉
- gānbèi　干贝〈干し貝柱〉
- tūpò　突破〈突破する〉
- tānfàn　摊贩〈露店商人〉
- gōngdào　公道〈公正な道理〉

第一声＋軽声
- bōli　玻璃〈ガラス〉
- dōngxi　东西〈物〉
- dēnglong　灯笼〈ちょうちん〉
- gōngfu　工夫〈暇〉

L5 学習重点 en/eng g(e)/k(e)/h(e)

〈P.68の漫画会話中の単語を使って、自分で練習してみましょう！〉

声調の発音練習（第一声→第二声→第三声→第四声→ … 確認声調）

声母（子音）と単韻母（単母音）

yē	yé	yě	yè ・・・ yè	夜来香	Yèláixiāng
yē	yé	yě	yè ・・・ yě	也	yě
nā	ná	nǎ	nà ・・・ nà	那	nà
dā	dá	dǎ	dà ・・・ dà	大	dà
gē	gé	gě	gè ・・・ gē	歌	gē
kē	ké	kě	kè ・・・ kè	麦克风	màikèfēng
kā	ká	kǎ	kà ・・・ kǎ	卡拉	kǎlā
lā	lá	lǎ	là ・・・ lā	卡拉	kǎlā
yī	yí	yǐ	yì ・・・ yì	意思	yìsi
sī	sí	sǐ	sì ・・・ si	意思	yìsi

声母（子音）と複韻母（複母音）ai/ei/ao/ou

lāi	lái	lǎi	lài ・・・ lái	来	lái
āi	ái	ǎi	ài ・・・ ài	爱人	àiren
māo	máo	mǎo	mào ・・・ māo	熊猫	xióngmāo
tōu	tóu	tǒu	tòu ・・・ tóu	音头	yīntóu

shōu	shóu	shǒu	shòu	shǒu	首	shǒu
māi	mái	mǎi	mài	mài	麦克风	màikèfēng
gēi	géi	gěi	gèi	gěi	给	gěi
yōu	yóu	yǒu	yòu	yǒu	有	yǒu

声母（子音）とe語頭尾音 en/eng

rēn	rén	rěn	rèn	ren	爱人	àiren
fēng	féng	fěng	fèng	fēng	麦克风	màikèfēng
zhēn	zhén	zhěn	zhèn	zhēn	真	zhēn

L6 也许来不及了
〈たぶん間に合わないね〉 [CD Track 26]

1
Jǐ diǎn le?
几点了?

Wǔ diǎn le.
五点了。

2
Fēijī jǐ diǎn qǐfēi?
飞机几点起飞?

Qī diǎn.
七点。

3
Láidejí ma?
来得及吗?

4
Méi wèntí.
没问题。

Yuándūdū ne?
圆嘟嘟呢?

5
Tā zài xǐzǎo…
他在洗澡…

6
Bù, tā zài chī xīguā ne…
不,他在吃西瓜呢…

日本語訳

1 今何時？
1 5時だよ。
2 飛行機飛ぶの何時だっけ？
2 7時。
3 間に合う？
4 大丈夫。
4 圓嘟嘟は？
5 あいつは今お風呂…
6 げ…、あいつスイカ食べてる…

生词（単語）

几	jǐ	（代）いくつ・何（時）
点	diǎn	（量）（時間）時
几点	jǐdiǎn	（組句）何時
了	le	（助）…た（動作や行為などの完了と変化）
五	wǔ	（数）5
飞机	fēijī	（名）飛行機
起飞	qǐfēi	（動）（飛行機が）離陸する・飛び立つ・出発する
七	qī	（数）7
来得及	láidejí	（動）間に合う
吗	ma	（助）…か？(疑問の語気)
没	méi	（動）…ない
问题	wèntí	（名）問題
没问题	méiwèntí	（組句）大丈夫
呢	ne	（助）…は？(確認の語気)
他	tā	（代）彼
在	zài	（副）…している
洗澡	xǐzǎo	（動）入浴する
不	bù	（副）いいえ・…ない（否定詞）
吃	chī	（動）食べる
西瓜	xīguā	（名）スイカ
呢	ne	（助）（文末におき進行を表す（在…呢））…している

招牌・标示（看板・標示）

| 浴室 | yùshì | 浴室・シャワー室 |

拟声・拟态词（擬声・擬態語）

塞得满满	sāidemǎnmǎn	ギュウ
咚	dōng	ばすっ
弹	tán	びょ～ん
吃吃吃	chīchīchī	ぱくぱく

学習重点

- 複韻母（複母音）… ia(ya)/ie(ye)/ua(wa)/uo(wo)/üe(yue)
- i 語頭尾音 … in(yin)/ing(ying)/ian(yan)/iang(yang)
- 声母（子音）… j(i)/q(i)/x(i)

1. 複韻母（複母音）

複韻母（複母音）…ia(ya)/ie(ye)/ua(wa)/uo(wo)/üe(yue)

ia(ya) 単韻母の「i」(イ) を「a」(ア) に軽く添えて。「i」(イ) は短く、「a」(ア) はやや長く強く、全体でなめらかに「ia」(ィア)。口の動きは「ai」と反対で、口は少し開いたまま徐々に大きく。

ie(ye) 単韻母の「i」(イ) を「e」(エ) に軽く添えて。「i」(イ) は短く、「e」(エ) は長く強く、全体でなめらかに「ie」(ィエ)。口の動きは「ei」と反対で、口は少し開いたままで徐々に横へ大きく。発音要領は「ia」(ィア) と同じ。

ua(wa) 単韻母の「u」(ウ) を「a」(ア) に軽く添えて。「u」(ウ) は短く、「a」(ア) は長く強く、全体でなめらかに「ua」(ゥア)。口の動きは「ao」と反対で、口は丸くして徐々に横へ大きく。

uo(wo) 単韻母の「u」(ウ) を「o」(オ) に軽く添えて。「u」(ウ) は短く、「o」(オ) はやや長く強く、全体でなめらかに「uo」(ゥオ)。口の動きは「ou」と反対で、口は丸くして徐々に縦へ大きく。発音要領は「ua」(ゥア) と同じ。

üe(yue) 単韻母の「ü」(ュ) を「e」(エ) に軽く添えて。「ü」(ュ) は短く、「e」(エ) は長く強く、全体でなめらかに「üe (-ue)」(ュエ)。口は丸くして徐々に横に。

複韻母（複母音）のつづり方　複韻母（复韵母）とそのつづり方（拼写法）

複韻母	声調記号のつけ方			
	第一声	第二声	第三声	第四声
ia(ya)	yā	yá	yǎ	yà
ie(ye)	yē	yé	yě	yè
ua(wa)	wā	wá	wǎ	wà
uo(wo)	wō	wó	wǒ	wò
üe(yue)	yuē	yué	yuě	yuè

複韻母（複母音）の音節表

声母 韻母	b	p	m	f	d	t	n	l	g	k	h
ia(ya)	–	–	–	–	dia	–	–	lia	–	–	–
ie(ye)	bie	pie	mie	–	die	tie	nie	lie	–	–	–
ua(wa)	–	–	–	–	–	–	–	–	gua	kua	hua
uo(wo)	–	–	–	–	duo	tuo	nuo	luo	guo	kuo	huo
üe(yue)	–	–	–	–	–	–	nüe	lüe	–	–	–

声母 韻母	j	q	x	zh	ch	sh	r	z	c	s
ia(ya)	jia	qia	xia	–	–	–	–	–	–	–
ie(ye)	jie	qie	xie	–	–	–	–	–	–	–
ua(wa)	–	–	–	zhua	chua	shua	rua	–	–	–
uo(wo)	–	–	–	zhuo	chuo	shuo	ruo	zuo	cuo	suo
üe(yue)	jue	que	xue	–	–	–	–	–	–	–

＊「–」は該当音節なし。

[CD Track 27]

複韻母（複母音）の発音練習 （第一声→第二声→第三声→第四声→ … 確認声調）

●**発音の練習方法**：それぞれ4つの声調——第一声・第二声・第三声・第四声を練習して、最後に右端にある声調がうまく発音できるかどうかを確認します。

| yā | yá | yǎ | yà | ... | yā |
| yā | yá | yǎ | yà | ... | yǎ |

| yē | yé | yě | yè | ... | yē |
| yē | yé | yě | yè | ... | yě |

| yuē | yué | yuě | yuè | ... | yué |
| yuē | yué | yuě | yuè | ... | yuě |

| wā | wá | wǎ | wà | ... | wá |
| wā | wá | wǎ | wà | ... | wà |

| wō | wó | wǒ | wò | ... | wó |
| wō | wó | wǒ | wò | ... | wò |

2. i 語頭尾音

i 語頭尾音…in(yin)/ing(ying)/ian(yan)/iang(yang)

in(yin) 舌の周りを上の歯茎にあて、上歯茎と舌面を使って英語の「in」(イン)を発音します。

ing(ying) 気持ちをリラックスさせ、胸部あたりから「イン」を発音します。

ian(yan) 口をやや開けて、「イエン」と発声すると、下あごが下へ動きます。「ian」の真ん中の「a」は、「i」と「n」に影響され、口の開きが狭くなり「ア」の音がなくなり「エ」となります。

iang(yang) 「イアン」を発声するときは口を徐々に大きくします。

i 語頭尾音の音節表

声母 韻母	b	p	m	f	d	t	n	l	g	k	h
in (yin)	bin	pin	min	–	–	–	nin	lin	–	–	–
ing (ying)	bing	ping	ming	–	ding	ting	ning	ling	–	–	–
ian (yan)	bian	pian	mian	–	dian	tian	nian	lian	–	–	–
iang (yang)	–	–	–	–	–	–	niang	liang	–	–	–

声母 韻母	j	q	x	zh	ch	sh	r	z	c	s
in (yin)	jin	qin	xin	–	–	–	–	–	–	–
ing (ying)	jing	qing	xing	–	–	–	–	–	–	–
ian (yan)	jian	qian	xian	–	–	–	–	–	–	–
iang (yang)	jiang	qiang	xiang	–	–	–	–	–	–	–

＊「-」は該当音節なし。

［CD Track 28］

i 語頭尾音の発音練習

in (yin)

①	jìnbù	进步〈進歩〉		②	jīnyú	金鱼〈金魚〉	
③	jìnqī	近期〈近いうち〉		④	jìnyǐng	近影〈近影〉	
⑤	qínláo	勤劳〈勤勉に働く〉		⑥	qǐnjù	寝具〈寝具〉	
⑦	xìnxīn	信心〈自信〉		⑧	xìnxī	信息〈消息〉	
⑨	yīnfú	音符〈音符〉		⑩	yínbì	银币〈貨幣〉	

ing (ying)

⑪	jīngxīn	精心〈心をこめて〉		⑫	jīngyú	鲸鱼〈鯨〉	
⑬	jǐnglíng	警铃〈警報ベル〉		⑭	jìngjì	静寂〈静寂〉	
⑮	qīngtíng	蜻蜓〈トンボ〉		⑯	qǐngkè	请客〈客を招待する〉	
⑰	xīngqī	星期〈週・週日〉		⑱	xíngdòng	行动〈行動〉	
⑲	yīnggāi	应该〈…すべき〉		⑳	yīnghuā	樱花〈桜の花〉	

ian (yan)

㉑	jiǎndān	简单〈簡単〉		㉒	jiāndàn	煎蛋〈焼きタマゴ〉	
㉓	jiǎndìng	检定〈検定〉		㉔	jiàndìng	鉴定〈鑑定〉	
㉕	qiānjīn	千金〈お嬢さん〉		㉖	qiánjìn	前进〈前進〉	
㉗	xiānmíng	鲜明〈鮮明である〉		㉘	xiànjīn	现金〈現金〉	
㉙	yànlì	艳丽〈色鮮やかである〉		㉚	yǎnjìng	眼镜〈眼鏡〉	

iang (yang)

㉛	jiāngjìn	将近〈(数が)…に近い〉		㉜	jiǎngxí	讲习〈講習〉	
㉝	jiàngjí	降级〈等級を下げる〉		㉞	jiàngyóu	酱油〈醤油〉	
㉟	qiāngdiào	腔调〈アクセント〉		㊱	qiángdù	强度〈強度〉	
㊲	xiāngféng	相逢〈めぐり会う〉		㊳	xiàngqí	象棋〈中国将棋〉	
㊴	yǎngqì	氧气〈酸素〉		㊵	yàngpǐn	样品〈見本〉	

3. 声母（子音）

声母(子音)の舌面音 … j(i)/q(i)/x(i)

j(i) 無気音の舌面音。舌先は平たいままで上下の歯の裏に軽くあて「ジープ」の「ジ」を発音します。発声するときは口を左右に少しひいて、「一」の形にします。

q(i) 有気音の舌面音。発声の要領は「ji」と同じですが、「qi」は有気音です。発声するときは口を左右に少しひいて、「一」の形にして、息を強くはき出しながら「パンチ」の「チ」を発音します。

x(i) 摩擦音の舌面音。発声の要領は「ji」と同じです。発声するときは口を左右に少しひいて、「一」の形にして、ローマ字の「c」を発音します。

[CD Track 29]

舌面音の発音練習 （第一声→第二声→第三声→第四声→ … 確認声調）

●発音の練習方法：それぞれ4つの声調——第一声・第二声・第三声・第四声を練習して、最後に右端にある声調がうまく発音できるかどうかを確認します。

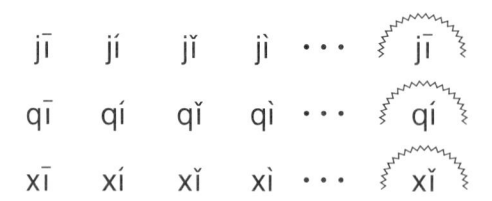

jī　jí　jǐ　jì　…　jī
qī　qí　qǐ　qì　…　qí
xī　xí　xǐ　xì　…　xǐ

舌面音「j」「q」「x」

jī jí jǐ jì … jīji					积极	〈積極的である〉
jī jí jǐ jì … jīqi					机器	〈機械〉
jī jí jǐ jì … jíxí					即席	〈即席〉
qī qí qǐ qì … qīji					凄寂	〈もの寂しい〉
qī qí qǐ qì … qíjì					奇迹	〈奇跡〉
qī qí qǐ qì … qīxī					七夕	〈七夕〉
xī xí xǐ xì … xīji					西藉	〈西洋国籍〉
xī xí xǐ xì … xǐqì					喜气	〈めでたいさま〉
xī xí xǐ xì … xīxī					西夕	〈人生の黄昏〉

舌面音と軽声

jī	jí	jǐ	jì	···	jīji	唧唧 〈唧〉
qī	qí	qǐ	qì	···	qīqi	凄凄 〈凄〉
xī	xí	xǐ	xì	···	xīxi	吸吸 〈吸〉

[CD Track 30]

ピンインの区別 舌面音(j / q / x)と複韻母(ia / ie / uo / üe)

jiā — qiā — xiā	……	家〈家〉	掐〈─〉	虾〈蝦〉
jiē — qiē — xiē	……	接〈接〉	切〈切〉	些〈些〉
juè — què — xuè	……	倔〈倔〉	却〈却〉	血〈血〉

jiǎ — jiá — jià	……	假〈仮〉	夹〈夾〉	嫁〈嫁〉
qiě — qié — qiè	……	且〈且〉	茄〈茄〉	妾〈妾〉
xiě — xiè — xié	……	写〈写〉	谢〈謝〉	鞋〈靴〉
xuě — xué — xuē	……	雪〈雪〉	学〈学〉	削〈削〉

L6 学習重点 … ia / ie / ua / uo / üe / in / ing / ian / iang / j(i) / q(i) / x(i)

[CD Track 31]

2音節語（第二声＋第一声〜軽声）の発音練習

第二声＋第一声
① júhuā　菊花〈菊の花〉
② juéxīn　决心〈決心〉
③ qiánbāo　钱包〈財布〉
④ qiántīng　前厅〈ロビー〉
⑤ qīngtiān　晴天〈晴れた日〉
⑥ qítā　其它〈他の〉
⑦ xuéfēn　学分〈大学の履修単位〉
⑧ xuéfēng　学风〈学風〉

第二声＋第二声
⑨ jíxiáng　吉祥〈吉祥〉
⑩ xiánliáng　贤良〈才徳兼備の人〉
⑪ xuéxí　学习〈学習〉
⑫ juéyuán　绝缘〈絶縁〉
⑬ xiétiáo　协调〈調和する〉
⑭ qílín　麒麟〈麒麟〉
⑮ qiánmén　前门〈前の門〉
⑯ xiánxiá　闲暇〈暇〉

第二声＋第三声
⑰ jítǐ　集体〈集団〉
⑱ jídiǎn　极点〈絶頂〉
⑲ juéjǐng　绝景〈絶景〉
⑳ qiánjǐng　前景〈前景〉
㉑ qínpǔ　勤朴〈勤勉で素朴である〉
㉒ qínkǔ　勤苦〈勤勉〉
㉓ xíngyǐng　形影〈形と影〉
㉔ xiányǎ　闲雅〈しとやか〉

第二声＋第四声
㉕ jíyuè　吉月〈朔日〉
㉖ xuéyè　学业〈学業〉
㉗ qíngqù　情趣〈情趣〉
㉘ qíngxù　情绪〈気分〉
㉙ qiángbì　墙壁〈壁〉
㉚ qiánbì　钱币〈貨幣〉
㉛ xiédài　携带〈携帯〉
㉜ xiéqì　邪气〈邪気〉

第二声＋軽声
㉝ júzi　橘子〈蜜柑〉
㉞ qiézi　茄子〈茄子〉
㉟ zánmen　咱们〈わたしたち〉
㊱ péngyou　朋友〈友人〉

〈P.76 の漫画会話中の単語を使って、自分で練習してみましょう！〉

声調の発音練習 （第一声→第二声→第三声→第四声→ … 確認声調）

声母（子音）と単韻母（単母音）

jī	jí	jǐ	jì	··· jī	几	jǐ
lē	lé	lě	lè	··· le	了	le
wū	wú	wǔ	wù	··· wǔ	五	wǔ
jī	jí	jǐ	jì	··· jī	机	jī
dē	dé	dě	dè	··· de	来得及	láidejí
jī	jí	jǐ	jì	··· jí	来得及	láidejí
mā	má	mǎ	mà	··· ma	吗	ma
tī	tí	tǐ	tì	··· tí	问题	wèntí
nē	né	ně	nè	··· ne	呢	ne
tā	tá	tǎ	tà	··· tā	他	tā
xī	xí	xǐ	xì	··· xǐ	洗澡	xǐzǎo
bū	bú	bǔ	bù	··· bù	不	bù
xī	xí	xǐ	xì	··· xī	西瓜	xīguā

L6 学習重点：ia / ie / ua / uo / üe、in / ing / ian / iang　j(i) / q(i) / x(i)

声母（子音）と複韻母（複母音）ai/ei/ao/ou と ia/ie/ua/uo/üe

fēi	féi	fěi	fèi ···	fēi	飞机	fēijī
lāi	lái	lǎi	lài ···	lái	来	lái
mēi	méi	měi	mèi ···	méi	没	méi
zāi	zái	zǎi	zài ···	zài	在	zài
zāo	záo	zǎo	zào ···	zǎo	洗澡	xǐzǎo
guā	guá	guǎ	guà ···	guā	西瓜	xīguā

声母（子音）と i 語頭尾音 in /ing /ian /iang

diān	dián	diǎn	diàn ···	diǎn	点	diǎn

よりみちこみちひとやすみ

~小道小花~

「時間」のいい方いろいろ　时间

大前天	dàqiántiān	さきおととい
前天	qiántiān	おととい
昨天	zuótiān	昨日
今天	jīntiān	今日
明天	míngtiān	明日
后天	hòutiān	あさって
大后天	dàhòutiān	しあさって
现在	xiànzài	現在・今
早上	zǎoshang	朝
上午	shàngwǔ	午前
中午	zhōngwǔ	昼ごろ（正午の前後）
下午	xiàwǔ	午後

晚上	wǎnshang		夜
半夜	bànyè		夜中
午夜	wǔyè		夜中
点	diǎn		時（時間）
半	bàn		半（時間）
刻	kè		15分（時間）
分	fēn		分（時間）

あなたの輝き誕生石は？ 闪烁的生日宝石

石榴石	shíliúshí	（1月）ガーネット
紫石英	zǐshíyīng	（2月）アメジスト
海蓝宝石	hǎilánbǎoshí	（3月）アクアマリン
钻石	zuànshí	（4月）ダイヤモンド
绿宝石	lǜbǎoshí	（5月）エメラルド
珍珠	zhēnzhū	（6月）真珠
红宝石	hóngbǎoshí	（7月）ルビー
橄榄石	gǎnlǎnshí	（8月）カンラン石
蓝宝石	lánbǎoshí	（9月）サファイア
蛋白石	dànbáishí	（10月）オパール
黄玉	huángyù	（11月）トパーズ
绿松石	lǜsōngshí	（12月）トルコ石

十二支──あなたは何どし？ 十二生肖

鼠	shǔ	ね	子	zǐ
牛	niú	うし	丑	chǒu
虎	hǔ	とら	寅	yín
兔	tù	う	卯	mǎo
龙	lóng	たつ	辰	chén
蛇	shé	み	巳	sì
马	mǎ	うま	午	wǔ
羊	yáng	ひつじ	未	wèi
猴	hóu	さる	申	shēn
鸡	jī	とり	酉	yǒu
狗	gǒu	いぬ	戌	xū
猪	zhū	い	亥	hài

＊日本の十二支にあてる漢字は、中国のそれとは別の漢字を使いますが、意味は同じです。日本式に表記した場合の発音も参考までに。

L7 我不能强忍
〈ボクにはガマンできない〉 [CD Track 32]

1. Hǎo chòu a! 好臭啊!

2. Hǎo xiāng a! 好香啊! / Zhè shì shénme wèidao? 这是什么味道?

3. Chòudòufu de wèidao. 臭豆腐的味道。

4. Lǎobǎn! Wǒmen yào liù ge! 老板!我们要六个!

5. Nǐ chángchang kàn. 你尝尝看。 / Hǎochī, zhēn hǎochī! 好吃,真好吃!

6. Nǐmen lí wǒ yuǎn yìdiǎnr. 你们离我远一点儿。

7. Nǐmen lí wǒ yuǎn yìdiǎnr ~ ba ~ 你们离我远一点儿~吧~

8. Wǒ mílù le… 我迷路了…

日本語訳

1. くっさ～っ！
2. いいにおいじゃん！
2. これなんのにおい？
3. 臭豆腐のにおいだよ。
4. おじさん！　6個ちょーだい！
5. あんたも食べてみたら。
5. ウマイ！　ウマイ！
6. キミたちボクからもっと離れてよ～っ。
7. もっともっと離れてよ～
8. ボク迷子になっちゃった…

生词（単語）

好	hǎo	（副）とても・ずいぶん
臭	chòu	（形）臭い
啊	a	（助）（感動・意外・肯定の語気）
香	xiāng	（形）いい香り・いいにおい
这	zhè	（代）これ
是	shì	（動）…は…である
什么	shénme	（代）何
味道	wèidao	（名）におい
臭豆腐	chòudòufu	（名）臭豆腐（塩づけ豆腐を発酵させた食品。油で揚げたりして食べる）
的	de	（助）…の
老板	lǎobǎn	（名）店主・オーナー・主人
我们	wǒmen	（代）わたしたち
要	yào	（動）欲しい・いる
六	liù	（名）6
个	ge	（量）個
你	nǐ	（代）あなた・君
尝	cháng	（動）味わう・食べる
看	kàn	（助）…してみる
尝尝看	chángchangkàn	（組句）ちょっと味わって食べてみる
好吃	hǎochī	（形）おいしい
真	zhēn	（副）とても・本当に
你们	nǐmen	（代）あなたたち
离	lí	（動）離れる
我	wǒ	（代）わたし
远	yuǎn	（形）遠い
一点儿	yìdiǎnr	（名）少し
吧	ba	（助）…しましょう（誘う・提案の語気）
迷路	mílù	（動）道に迷う
了	le	（助）…た（動作や行為などの完了と変化）

招牌・标示（看板・標示）

臭豆腐	chòudòufu	臭豆腐

拟声・拟态词（擬声・擬態語）

飘	piāo	ぷ～ん
哒哒哒	dādādā	だだだ

> **学習重点**
> - 複韻母（複母音）… iao(yao)/iou(you, -iu)/uai(wai)/uei(wei, -ui)
> - u 語頭尾音 … uan(wan)/uang(wang)/uen(wen,-un)/ueng(weng)
> - 声母（子音）… zh(i)/ch(i)/sh(i)/r(i)
> - アル（儿 er）化

1. 複韻母（複母音）

複韻母（複母音）… iao(yao)/iou(you,-iu)/uai(wai)/uei(wei,-ui)

iao (yao)

単韻母の「i」（イ）を「ao」（アォ）に軽く添えて。「i」（イ）は短く、「ao」（アォ）は長く強く、全体でなめらかに「iao」（イャォ）。口を開いて、介韻母「i」（イ）から主尾韻母「ao」（アォ）へ発声しながら、口を徐々に閉じていきます。

iou (you)

単韻母の「i」（イ）を「ou」（オゥ）に軽く添えて。「i」（イ）は短く、「ou」（オゥ）はやや長く強く、全体でなめらかに「iou（-iu）」（イオゥ）。口を開いて、介韻母「i」（イ）から主尾韻母「ou」（オゥ）へ発声しながら口を徐々に閉じていきます。発音要領は「iao(yao)」と同じ。「iou」にy以外の声母がつく場合は「-iu」とつづり、声調記号は「u」の上につけます。例えば、niú 牛（牛）、liú 流（流）、jiǔ 酒（酒）など。

uai
(wai)

単韻母の「u」(ゥ)を「ai」(アィ)に添えて。「u」(ゥ)は短く、「ai」(アィ)は長く強く、全体でなめらかに「uai」(ウアィ)。発声するときに口は徐々に大きく。

uei
(wei)

単韻母の「u」(ゥ)を「ei」(エイ)に軽く添えて。「u」(ゥ)は短く、「ei」(エイ)は長く強く、全体でなめらかに「uei (-ui)」(ウエイ)。発声するときに口を徐々に大きく。発音要領は「uai (wai)」と同じ。「uei」にw以外の声母がつく場合は「-ui」とつづり、声調記号は「i」の上につけます。例えば、duì 对(対)、guì 贵(貴)、huì 会(会)など。

複韻母（複母音）のつづり方　複韻母（复韵母）とそのつづり方（拼写法）

複韻母	声調記号のつけ方			
	第一声	第二声	第三声	第四声
iao (yao)	yāo	yáo	yǎo	yào
iou (you)	yōu	yóu	yǒu	yòu
uai (wai)	wāi	wái	wǎi	wài
uei (wei)	wēi	wéi	wěi	wèi

複韻母（複母音）の音節表

声母＼韻母	b	p	m	f	d	t	n	l	g	k	h
iao (yao)	biao	piao	miao	–	diao	tiao	niao	liao	–	–	–
iou(-iu) (you)	–	–	miu	–	diu	–	niu	liu	–	–	–
uai (wai)	–	–	–	–	–	–	–	–	guai	kuai	huai
uei(-ui) (wei)	–	–	–	–	dui	tui	–	–	gui	kui	hui

声母＼韻母	j	q	x	zh	ch	sh	r	z	c	s
iao (yao)	jiao	qiao	xiao	–	–	–	–	–	–	–
iou(-iu) (you)	jiu	qiu	xiu	–	–	–	–	–	–	–
uai (wai)	–	–	–	zhuai	chuai	shuai	–	–	–	–
uei(-ui) (wei)	–	–	–	zhui	chui	shui	rui	zui	cui	sui

＊「−」は該当音節なし。

[CD Track 33]

複韻母（複母音）の発音練習　（第一声→第二声→第三声→第四声→ … 確認声調）

●**発音の練習方法**：それぞれ４つの声調の後にもう一つの声調があります。第一声・第二声・第三声・第四声を発音してから、右のもう一つの声調がうまく発音ができるかどうかを確認します。

yāo　yáo　yǎo　yào　… yāo
yāo　yáo　yǎo　yào　… yǎo

yōu　yóu　yǒu　yòu　… yōu
yōu　yóu　yǒu　yòu　… yǒu

wāi　wái　wǎi　wài　···　wái

wāi　wái　wǎi　wài　···　wài

wēi　wéi　wěi　wèi　···　wéi

wēi　wéi　wěi　wèi　···　wèi

2. u 語頭尾音

u 語頭尾音…uan(wan)/uang(wang)/uen(wen)/ueng(weng)

uan (wan)
口中の上歯茎を使って「ゥアヌ」と発音します。発声するときは口を丸くして、徐々に横へひきます。

uang (wang)
気持ちをリラックスさせ、「ゥアン」と発音すると胸部のところが響いてきます。発音するときは口を丸くして、徐々に大きくします。

uen (wen)
口中の上歯茎を使って「ウェヌ」と発声します。発音するときは口を丸くして、徐々に横へひきます。「uen」にw以外の声母がつく場合は「-un」とつづり、声調記号は「u」の上につけます。例えば、tūn 吞 (吞)、hūn 昏 (昏)、cūn 村 (村) など。

ueng (weng)
気持ちをリラックスさせ、「ウォン」と発音すると、胸部のところが響いてきます。発音するときは口を丸くして、徐々に大きくします。単独でのみ使い、声母は伴いません。

L7 学習重点…iao/iou/uai/uei/uan/uang/uen/ueng、zh(i)/ch(i)/sh(i)/r(i)、er 化

u 語頭韻母（母音）音節表

声母 韻母	b	p	m	f	d	t	n	l	g	k	h
uan (wan)	–	–	–	–	duan	tuan	nuan	luan	guan	kuan	huan
uang (wang)	–	–	–	–	–	–	–	–	guang	kuang	huang
uen(-un) (wen)	–	–	–	–	dun	tun	–	lun	gun	kun	hun
ueng (weng)	–	–	–	–	–	–	–	–	–	–	–

声母 韻母	j	q	x	zh	ch	sh	r	z	c	s
uan (wan)	–	–	–	zhuan	chuan	shuan	ruan	zuan	cuan	suan
uang (wang)	–	–	–	zhuang	chuang	shuang	–	–	–	–
uen(-un) (wen)	–	–	–	zhun	chun	shun	run	zun	cun	sun
ueng (weng)	–	–	–	–	–	–	–	–	–	–

＊「−」は該当音節なし。

[CD Track 34]

u 語頭尾音の発音練習

uan
(wan)

① zhuāncháng　专长〈専門知識〉　② zhuǎnchē　转车〈乗り換える〉
③ chuánzhēn　传真〈ファクシミリ〉　④ chuánrǎn　传染〈伝染〉
⑤ shuānpí　栓皮〈コルク〉　⑥ shuānzhù　拴住〈しっかり縛る〉
⑦ ruǎnyìng　软硬〈硬軟〉　⑧ ruǎnruò　软弱〈軟弱〉
⑨ wǎnfàn　晚饭〈晩ご飯・夕飯〉　⑩ wánchéng　完成〈完成〉

uang
(wang)

⑪ zhuānghuáng　装璜〈飾りつける〉　⑫ zhuàngkuàng　状况〈状況〉
⑬ zhuāngshì　装饰〈装飾〉　⑭ zhuàngguān　壮观〈壮観〉
⑮ chuàngshè　创设〈創設〉　⑯ chuàngshǐ　创始〈創始〉
⑰ shuāngshǒu　双手〈両手〉　⑱ shuǎngzhí　爽直〈率直〉
⑲ wángzú　王族〈王族〉　⑳ wǎngqiú　网球〈テニス〉

uen (-un) (wen)	㉑ zhǔnshí	准时〈定刻どおりに〉	㉒ zhǔnbèi	准备〈準備〉
	㉓ chūnqiū	春秋〈春と秋〉	㉔ chúnjiǔ	醇酒〈混じりけのない酒〉
	㉕ shùnjiān	瞬间〈瞬間〉	㉖ shùnlì	顺利〈順調〉
	㉗ rùnhuá	润滑〈潤滑にする〉	㉘ rùnnián	闰年〈閏年〉
	㉙ wēnnuǎn	温暖〈温かい〉	㉚ wènshì	问世〈世に問う〉
ueng (weng)	㉛ fùwēng	富翁〈金持ち〉	㉜ wènggāng	瓮缸〈甕(かめ)〉

よりみちこみちひとやすみ4
～小道小花～

早口チャレンジ──いってみよう！ 迷上绕口令

その1　そり舌音の早口①
食是吃　吃是食　　　　　　　　shíshichī　chīshìshí
　　　「食」は食べる　「吃」は食べる

その2　そり舌音の早口②
狮食素食　是事实事　　　　　　shīshísùshí　shìshìshíshí
　　　獅子が精進料理を食べる　それは事実である

その3　舌歯音の早口
四次思　思四次　十次思　思十次　　sìcìsī　sīsìcì　shícìsī　sīshícì
　　　考えるのは四回　四回考える
　　　考えるのは十回　十回考える

その4　舌根音と舌尖音の早口
哥哥喝的可可　喝可可的哥哥　　gēgehēdekěkě　hēkěkědegēge
　　　兄が飲むココア　ココアを飲む兄

その5　ウムラウト（ü(yu)）とその他の音の早口
鱼翅无鱼刺　吃鱼翅　剔鱼刺　　yúchìwúyúcì　chīyúchì　tīyúcì
　　　フカヒレには魚の骨がない　フカヒレを食べて
　　　（歯と歯の間に夾まった）　魚の骨をそぎ取る（フリをする）

3. 声母（子音）

声母（子音）のそり舌音 … zh(i)/ch(i)/sh(i)/r(i)

そり舌音の「zhi」「chi」「shi」「ri」の「i」韻母はピンイン表記上の便宜的な「i」で、発音するときに韻母「i」には「イ」の音は全くありません。

zh(i) そり舌音「zhi」は無気音です。舌先を少し巻き上げて、上の歯茎よりやや奥に軽くあて、なるべく息をおさえて「チー」と発音します。発音するときは口を自然にやや開いたままで発音します。

ch(i) そり舌音「chi」は破擦有気音です。発音の要領は「zhi」とほぼ同じですが、舌先を少し巻き上げて、上の歯茎につけずに、息をはき出しながら「チ」と発音します。発音するときは口を「zhi」と同じ、自然にやや開いたままで発音します。

sh(i) そり舌音「shi」は摩擦音です。発声の要領は「chi」とほぼ同じですが、舌先を少し巻き上げて、上の歯茎につけずに、舌と上の歯茎の間に空気を通して、「シ」と発音します。発声するときは口を「zhi」「chi」と同じく、自然にやや開いたままで発音します。

r(i) そり舌音「ri」は摩擦音です。発声の要領は「zhi」とほぼ同じですが、なるべく息をおさえて、「リ」と発音します。発声するときは口を「ｚｈｉ」「chi」「shi」と同じく、自然にやや開いたままで発音します。

[CD Track 35]

そり舌音の発音練習 （第一声→第二声→第三声→第四声→ … 確認声調）

●発音の練習方法：それぞれ4つの声調——第一声・第二声・第三声・第四声を練習して、最後に右端にある声調がうまく発音できるかどうかを確認します。

zhī　zhí　zhǐ　zhì　…　zhī
chī　chí　chǐ　chì　…　chí
shī　shí　shǐ　shì　…　shǐ
rī　rí　rǐ　rì　…　rì

そり舌音「zh」「ch」「sh」「r」

zhī zhí zhǐ zhì …	zhìzhǐ	制止	〈制止〉
zhī zhí zhǐ zhì …	zhīchí	支持	〈支持〉
zhī zhí zhǐ zhì …	zhǐshì	指示	〈指示〉
zhī zhí zhǐ zhì …	zhírì	値日	〈当番〉
chī chí chǐ chì …	chízhì	遅滞	〈遅滞〉
chī chí chǐ chì …	chīchī	痴痴	〈阿呆のようにぼんやり〉
chī chí chǐ chì …	chīshì	吃事	〈詐欺〉
chī chí chǐ chì …	chìrì	遅日	〈春の日〉

L7 学習重点：iao / iou / uai / uei、uan / uang / uen / ueng、zh(i) / ch(i) / sh(i) / r(i)、er 化

shī	shí	shǐ	shì	··· shízhǐ	食指	〈人差し指〉
shī	shí	shǐ	shì	··· shìchǐ	市尺	〈メートルの三分の一〉
shī	shí	shǐ	shì	··· shìshí	事实	〈事実〉
shī	shí	shǐ	shì	··· shírì	时日	〈時日〉
rī	rí	rǐ	rì	··· rìzhì	日志	〈日誌〉
rī	rí	rǐ	rì	··· rìshí	日蚀	〈日食〉
rī	rí	rǐ	rì	··· rìrì	日日	〈毎日〉

（そり舌音と軽声の練習）

chī	chí	chǐ	chì	··· chīchi	吃吃	〈吃〉
shī	shí	shǐ	shì	··· shìshi	试试	〈試〉

[CD Track 36]

ピンインの区別　そり舌音(zh/ch/sh/r)と複韻母(iao/iou/uai/uei)

zhuài — chuǎi — shuài — (–)	……	拽〈—〉	揣〈揣〉	帅〈帥〉	(–)〈—〉
zhuī — chuī — shuǐ — ruì	……	追〈追〉	吹〈吹〉	睡〈睡〉	锐〈鋭〉
zhuì — chuí — shuǐ — ruì	……	坠〈墜〉	槌〈槌〉	水〈水〉	瑞〈瑞〉

[CD Track 37]

2音節語（第三声＋第一声～軽声）の発音練習

第三声＋第一声
- ① zhǎnxīn 崭新〈斬新〉
- ② huǒchē 火车〈汽車〉
- ③ chǎngshāng 厂商〈製造業者〉
- ④ chǎnxiāo 产销〈生産と販売〉
- ⑤ shǒudū 首都〈首都〉
- ⑥ shǒugōng 手工〈手仕事〉
- ⑦ shǎnghuā 赏花〈花見〉
- ⑧ shuǐdī 水滴〈水滴〉

第三声＋第二声
- ⑨ zhǔnshí 准时〈定刻どおりに〉
- ⑩ zhǔshí 主食〈主食〉
- ⑪ zhěnliáo 诊疗〈診療〉
- ⑫ zhěngróng 整容〈整形〉
- ⑬ chuǎimó 揣摩〈推察〉
- ⑭ chǐlún 齿轮〈歯車〉
- ⑮ shǎngfá 赏罚〈賞罰〉
- ⑯ chǎngfáng 厂房〈工場の建物〉

第三声＋第三声
- ⑰ zhǎyǎn 眨眼〈瞬間〉
- ⑱ zhǎnlǎn 展览〈展覧〉
- ⑲ shǒubiǎo 手表〈腕時計〉
- ⑳ shuǐjiǎo 水饺〈水餃子〉
- ㉑ shuǐguǒ 水果〈果物〉
- ㉒ shuǎngkǒu 爽口〈口当たりがいい〉
- ㉓ rěyǎn 惹眼〈人の目を引く〉
- ㉔ ruǎngǔ 软骨〈軟骨〉

第三声＋第四声
- ㉕ zhuǎnràng 转让〈譲る〉
- ㉖ zhǔnquè 准确〈正確・確か〉
- ㉗ chǎofàn 炒饭〈チャーハン〉
- ㉘ chǎndì 产地〈産地〉
- ㉙ shuǎidiào 甩掉〈投げ捨てる〉
- ㉚ shǎnshuò 闪烁〈きらめく〉
- ㉛ rěnnài 忍耐〈忍耐〉
- ㉜ rǎoluàn 扰乱〈攪乱〉

第三声＋軽声
- ㉝ wǎnshang 晚上〈夜・晩〉
- ㉞ zhěntou 枕头〈枕〉
- ㉟ jiǎozi 饺子〈ギョウザ〉
- ㊱ jiějie 姐姐〈姉〉

L7 学習重点：iao / iou / uai / uei / uan / uang / uen / ueng / zh(i) / ch(i) / sh(i) / r(i)、er化

〈P.90の漫画会話中の単語を使って、自分で練習してみましょう！〉

声調の発音練習 （第一声→第二声→第三声→第四声→ … 確認声調）

声母（子音）と単韻母（単母音）

zhē	zhé	zhě	zhè ・・・	zhè	这	zhè
mē	mé	mě	mè ・・・	me	什么	shénme
fū	fú	fǔ	fù ・・・	fu	豆腐	fu
gē	gé	gě	gè ・・・	ge	个	ge
chī	chí	chǐ	chì ・・・	chī	好吃	chī
nī	ní	nǐ	nì ・・・	nǐ	你	nǐ
lī	lí	lǐ	lì ・・・	lí	离	lí
yī	yí	yǐ	yì ・・・	yì	一点儿	yìdiǎnr

声母（子音）と複韻母（複母音） ai/ei/ao/ou と ia/ie/ua/uo/üe と iao/iou/uai/uei

hāo	háo	hǎo	hào ・・・	hǎo	好	hǎo
chōu	chóu	chǒu	chòu ・・・	chòu	臭	chòu
wēi	wéi	wěi	wèi ・・・	wèi	味道	wèidao
dōu	dóu	dǒu	dòu ・・・	dòu	豆腐	dòufu
lāo	láo	lǎo	lào ・・・	lǎo	老板	lǎobǎn
yāo	yáo	yǎo	yào ・・・	yào	要	yào
liū	liú	liǔ	liù ・・・	liù	六	liù
mēi	méi	měi	mèi ・・・	méi	没有	méiyǒu

4. アル（儿er）化

アル（儿er）

er 舌先を少し巻き上げて、上の歯茎につけずに「ァル」と発音します。発声するときは「ァ」音が弱く、「ル」音を強く、全体で「ァル」を分けずに、なめらかに発声します。

単語とアル（儿er）化の説明

中国語のある特殊な単語や語尾に、口語の習慣上で「er」儿（児）の音節をつけて発音することがあります。これをアル（儿er）化といいます。

「er」の音節をつけることで意味が変わるものとそうでないものがあります。なお、アル（儿er）化による実際の発音変化に関わりなく、ピンイン表記は「前音節＋r」とします。

意味が変わるアル（儿er）化韻

例　这 zhè〈これ・この〉→ 这儿 zhèr〈ここ〉
　　头 tóu〈頭〉→ 头儿 tóur〈ボス・親分〉

意味が変わらないアル（儿er）化韻

例　花 huā〈花〉→ 花儿 huār〈花〉
　　鱼 yú〈魚〉→ 鱼儿 yúr〈魚〉

アル（儿er）化韻により品詞が変わる例

例　活 huó〈活きる〉[動詞] → 活儿 huór〈仕事〉[名詞]
　　盖 gài〈かぶせる〉[動詞] → 盖儿 gàir〈ふた・甲羅〉[名詞]

一般に名詞につくアル（儿er）は、かわいらしい・小さい・細かいなどというニュアンスを添え、語気を和らげる働きをします。

[CD Track 38]

アル（儿 er）化の発音練習

1-1 「-i」の脱落するアル（儿 er）化

① bīngkuàir　冰块儿　〈氷・アイス〉　② yíhuìr　一会儿　〈しばらく〉
③ páir　牌儿　〈カード・看板〉　④ wèir　味儿　〈味〉

1-2 「-n」の脱落するアル（儿 er）化

① míngpiànr　名片儿　〈名刺〉　② mànmānr　慢慢儿　〈ゆっくり〉
③ yìdiǎnr　一点儿　〈少し〉　④ bīnggùnr　冰棍儿　〈アイスキャンデー〉
⑤ xiànr　馅儿　〈餃子などの具〉　⑥ xìnr　信儿　〈便り・消息〉
⑦ quānr　圈儿　〈輪〉　⑧ wānr　弯儿　〈曲がり角〉

1-3 「-ng」の脱落するアル（儿 er）化

① yǎnjìngr　眼镜儿　〈眼鏡〉　② diànyǐngr　电影儿　〈映画〉
③ dànhuángr　蛋黄儿　〈卵の黄身〉　④ xīngr　星儿　〈星〉

1-4 「zhi/chi/shi, zi/ci/si」のアル（儿 er）化

① zhír　侄儿　〈甥〉　② língchīr　零吃儿　〈間食〉
③ língshír　零食儿　〈間食〉　④ zǐr　籽儿　〈植物の種〉
⑤ cír　词儿　〈単語・語句〉　⑥ sīr　丝儿　〈糸・細い形状の物〉

1-5 語尾変化のないアル（儿 er）化

① dàhuǒr　大伙儿　〈みんな〉　② xiǎomāor　小猫儿　〈子猫〉
③ yíxiàr　一下儿　〈ちょっと〉　④ huār　花儿　〈花〉
⑤ zhèr　这儿　〈ここ〉　⑥ nàr　那儿　〈そこ・あそこ〉
⑦ nǎr　哪儿　〈どこ〉　⑧ gēr　歌儿　〈歌〉

1-6 その他のアル（儿 er）化

① pír　皮儿　〈皮〉　② yúr　鱼儿　〈魚〉

よりみちこみちひとやすみ
～小道小花～

この人、だ～れだ!? 此人是何人物?

诺贝尔	Nuòbèi'ěr	ノーベル
林肯	Línkěn	リンカーン（米国第16代大統領）
布希	Bùxī	ブッシュ（米国大統領）
伊丽莎白・泰勒	Yīlìshābái Tàilè	エリザベス・テイラー
邓丽君	Dèng Lìjūn	テレサ・テン（台湾歌手）
成龙	Chéng Lóng	ジャッキー・チェン（香港アクション俳優）
李小龙	Lǐ Xiǎolóng	ブルース・リー
爱迪生	Àidíshēng	エジソン
贝克汉姆	Bèikèhànmǔ	ベッカム（サッカー選手）
费德勒坦	Fèidélètǎn	フェデラー（テニス選手）
莎拉波娃	Shālābōwā	シャラポラ（テニス選手）
威廉姆斯	Wēiliánmǔsī	ウィリアムス（テニス選手）
阿加西	Ājiāxī	アガシ（テニス選手）
桑普拉斯	Sāngpǔlāsī	サンプラス（テニス選手）

アニメキャラクターなら… 动画片上场人物

米老鼠	Mǐlǎoshǔ	ミッキーマウス
唐老鸭	Tánglǎoyā	ドナルドダック
小熊维尼	Xiǎoxióng Wéiní	キティちゃん

アニメの名前は、こうなる 动画片名

铁臂阿童木	Tiěbì Ātóngmù	鉄腕アトム
龙珠	Lóngzhū	ドラゴンボール
机器猫	Jīqìmāo	ドラえもん
可爱龙猫窝	Kě'ài Lóngmāowō	となりのトトロ
名侦探柯南	Míngzhēntàn Kēnán	名探偵コナン
蜡笔小新	Làbǐ Xiǎoxīn	クレヨンしんちゃん
蒙面超人	Méngmiàn Chāorén	仮面ライダー

L8 还是新鲜的鱼最好吃!
〈やっぱり新鮮な魚が一番おいしい!〉

[CD Track 39]

1
Jīntiān wǒmen zìjǐ zuòfàn ba!
今天 我们 自己 做饭 吧!

2
Wǒ xǐhuan Sìchuān cài.
我 喜欢 四川 菜。

3
Suānsuānlàlà de
酸酸辣辣 的
zuì hǎochī.
最 好吃。

4
Wǒ xǐhuan sùcài.
我 喜欢 素菜。

5
Qīngqīngdàndàn
清清淡淡
bù yóunì.
不 油腻。

6
Wǒ xǐhuan hǎixiān liàolǐ.
我 喜欢 海鲜 料理。

7
Yúcì duō méi wèntí.
鱼刺 多 没 问题。

你做的不是料理…

咕噜

日本語訳

1. 今日は自分たちでご飯作ろうね！
2. ボクは四川料理がいいな。
3. 酸っぱくて辛いのが最高にウマいんだよなぁ。
4. あたしは野菜料理が好きよ。
5. さっぱりしててあぶらっこくないしね。
6. ボクは海鮮料理。
7. 魚のホネなんかたくさんあったってへ〜きさ。
7. あんたのは料理じゃないじゃん…

生词（単語）

今天	jīntiān	（名）今日
我们	wǒmen	（代）わたしたち
自己	zìjǐ	（代）自分
做	zuò	（動）する・やる
饭	fàn	（名）ご飯
做饭	zuòfàn	（組句）料理を作る・ご飯を作る
吧	ba	（助）…しましょう（誘う・提案の語気）
我	wǒ	（代）わたし
喜欢	xǐhuan	（動）好む・気に入る
四川	Sìchuān	（名）四川
菜	cài	（名）料理
酸酸辣辣	suānsuānlàlà	（形）酸っぱくて辛い
的	de	（助）…の（物）（形容詞の後ろにおき、その物事を強調する）
最	zuì	（副）もっとも・一番
好吃	hǎochī	（形）おいしい
素菜	sùcài	（名）精進料理・ベジタリアン
清清淡淡	qīngqīngdàndàn	（形）（料理・食べ物が）さっぱりしている
不	bù	（副）…ない
油腻	yóunì	（形）あぶらっこい
海鲜	hǎixiān	（名）海鮮
料理	liàolǐ	（名）料理
鱼刺	yúcì	（名）魚の小骨
多	duō	（形）多い
没	méi	（動）ない
问题	wèntí	（名）問題
没问题	méiwèntí	（組句）大丈夫
的	de	（助）（動詞の後ろにおき、すでに発生した動作の結果、方法などを強調する）…している
是	shì	（動）…は…である
不是	búshì	（組句）…ではない

招牌・标示（看板・標示）

超市	chāoshì	スーパー
辣	là	辛い

拟声・拟态词（擬声・擬態語）

| 咕噜 | gūlū | ごっくん |

学習重点

- ü 語頭尾音…üan(yuan)/ün(yun)
- 声母（子音）… z(i)/c(i)/s(i)

1. ü 語頭尾音

ü 語頭尾音 … üan(yuan)/ün(yun)

üan (yuan)
口を丸くして、「ユェン」と発声すると、下あごが下へ動きます。「üan」の「ü」は「イ」音で、全く「ウ」音がありません。「üan」の真ん中の「a」は、「ü」と「n」に影響され、口の開きが狭くなり「ア」の音がなくなり「エ」となります。

ün (yun)
口は少し丸くして、開いたままで「ユィン」と発声します。「ün」の「ü」は「イ」音で、全く「ウ」音がありません。

ü 語頭尾音の音節表

韻母＼声母	b	p	m	f	d	t	n	l	g	k	h
üan (yuan)	−	−	−	−	−	−	−	−	−	−	−
ün (yun)	−	−	−	−	−	−	−	−	−	−	−

韻母＼声母	j	q	x	zh	ch	sh	r	z	c	s
üan (yuan)	juan	quan	xuan	−	−	−	−	−	−	−
ün (yun)	jun	qun	xun	−	−	−	−	−	−	−

＊「−」は該当音節なし。

[CD Track 40]

ü 語頭尾音の発音練習

üan
(yuan)

① juānxuè　捐血〈献血〉　② juǎnshé　巻舌〈そり舌〉
③ quánqiú　全球〈全世界〉　④ quànjiǔ　劝酒〈酒を勧める〉
⑤ xuānchuán　宣传〈宣伝〉　⑥ xuǎnjǔ　选举〈選挙〉
⑦ yuānyāng　鸳鸯〈オシドリ〉　⑧ Yuándàn　元旦〈元旦〉

ün
(yun)

⑨ yùnchuán　晕船〈船酔い〉　⑩ yùnlǜ　韵律〈韻律〉

2. 声母（子音）

声母（子音）の舌歯音 … z(i)/c(i)/s(i)

舌歯音の「zi」「ci」「si」の「i」韻母はピンイン表記上の便宜的な「i」で、発音するときに韻母「i」には「イ」の音は全くありません。

z(i)　無気音の舌歯音。上下の歯は少し開いて、舌先は平たいまま裏の上下歯の間に軽くあて、舌先は歯の外へ出ないように、「ズ」と発音します。息をなるべくおさえて舌先と上下歯の間で発声します。発音するときは口を左右の下にやや強くひいて「一」の形にします。

c(i)　有気音の舌歯音。発音の要領は「zi」と同じですが、「ci」は有気音です。発音するときは口を左右の下にやや強くひいて「一」の形にして、息を上下歯の間に強くはき出しながら「ツ」と発音します。発声場所は舌先と上下歯の間です。

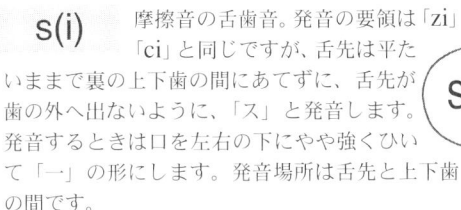

s(i)　摩擦音の舌歯音。発音の要領は「zi」「ci」と同じですが、舌先は平たいままで裏の上下歯の間にあてずに、舌先が歯の外へ出ないように、「ス」と発音します。発音するときは口を左右の下にやや強くひいて「一」の形にします。発音場所は舌先と上下歯の間です。

[CD Track 41]

舌歯音の発音練習 （第一声→第二声→第三声→第四声→…確認声調）

●**発音の練習方法**：それぞれ4つの声調——第一声・第二声・第三声・第四声を練習して、最後に右端にある声調がうまく発音できるかどうかを確認します。

zī　zí　zǐ　zì　…　zī
cī　cí　cǐ　cì　…　cí
sī　sí　sǐ　sì　…　sǐ

舌歯音「z」「c」「s」

zī	zí	zǐ	zì	…	zīzī	孜孜	〈勤勉に努め励むさま〉
zī	zí	zǐ	zì	…	zìcǐ	自此	〈これから・これより〉
zī	zí	zǐ	zì	…	zìsī	自私	〈自分勝手・わがまま〉
cī	cí	cǐ	cì	…	cìzǐ	次子	〈次男〉
cī	cí	cǐ	cì	…	cǐcì	此次	〈今回・この度〉
cī	cí	cǐ	cì	…	cìsǐ	刺死	〈刺し殺す〉
sī	sí	sǐ	sì	…	sīzī	私自	〈自分の考えどおりに勝手に〉
sī	sí	sǐ	sì	…	sìcǐ	似此	〈かくの如し〉
sī	sí	sǐ	sì	…	sīsī	丝丝	〈ごく細いさま〉

舌歯音と軽声

zī	zí	zǐ	zì	···	zīzi	孜孜	〈孜〉
cī	cí	cǐ	cì	···	cīci	刺刺	〈刺〉
sī	sí	sǐ	sì	···	sīsi	撕撕	〈撕〉

[CD Track 42]

ピンインの区別 舌歯音(z/c/s)と複韻母(ai/ei/ao/ou/uei(-ui))

zài	—	cài	—	sài	……	在〈在〉	菜〈菜〉	赛〈賽〉
zǎo	—	cǎo	—	sǎo	……	早〈早〉	草〈草〉	扫〈掃〉
zuì	—	cuì	—	suì	……	醉〈醉〉	翠〈翠〉	岁〈歲〉

zǎi	—	cái	—	sāi	……	仔〈仔〉	才〈才〉	鳃〈鰓〉
zào	—	cāo	—	sāo	……	造〈造〉	操〈操〉	嫂〈嫂〉
zǒu	—	còu	—	sōu	……	走〈走〉	凑〈湊〉	搜〈搜〉
zuǐ	—	cuī	—	suí	……	嘴〈嘴〉	催〈催〉	随〈隨〉

[CD Track 43]

2音節語（第四声＋第一声〜軽声）の発音練習

第四声＋第一声
① zìzūn 自尊〈自尊〉
② sìshēng 四声〈4つの声調〉
③ zàoyīn 噪音〈騒音〉
④ zàishēng 再生〈再生〉
⑤ càidān 菜单〈献立〉
⑥ cìqīng 刺青〈刺青〉
⑦ chàngcí 唱词〈旧劇の歌の部分〉
⑧ shàngsī 上司〈上司〉

第四声＋第二声
⑨ zànshí 暂时〈暫時〉
⑩ zànchéng 赞成〈賛成〉
⑪ sùshí 素食〈ベジタリアン〉
⑫ suànpán 算盘〈そろばん〉
⑬ zuòxí 坐席〈座席に座る〉
⑭ zuòtán 座谈〈座談〉
⑮ jùnzú 骏足〈優れた良馬〉
⑯ jùrén 巨人〈巨人〉

第四声＋第三声
⑰ còuqiǎo 凑巧〈都合がよい〉
⑱ chìjiǎo 赤脚〈はだし・素足〉
⑲ sècǎi 色彩〈色彩〉
⑳ sìhǎi 四海〈度量が大きい〉
㉑ sàimǎ 赛马〈競馬〉
㉒ zìdiǎn 字典〈字典〉
㉓ jùnmǎ 骏马〈駿馬〉
㉔ juànshǔ 眷属〈家族・身内〉

第四声＋第四声
㉕ cuìyù 翠玉〈翡翠色〉
㉖ cuìruò 脆弱〈もろくて弱い〉
㉗ sùzuì 宿醉〈二日酔い〉
㉘ suìyuè 岁月〈歳月〉
㉙ suànshù 算术〈算術・算数〉
㉚ xuànlì 绚丽〈きらびやかで美しい〉
㉛ xùnsù 迅速〈迅速〉
㉜ xùnsè 逊色〈遜色〉

第四声＋軽声
㉝ pàngzi 胖子〈デブ〉
㉞ yìsi 意思〈意味〉
㉟ xièxie 谢谢〈ありがとう〉
㊱ yuèliang 月亮〈月〉

〈P.106 の漫画会話中の単語を使って、自分で練習してみましょう！〉

声調の発音練習 （第一声→第二声→第三声→第四声→ … 確認声調）

声母（子音）と単韻母（単母音）

zī	zí	zǐ	zì	・・・	zǐ	自己	zìjǐ
jī	jí	jǐ	jì	・・・	jǐ	自己	zìjǐ
bā	bá	bǎ	bà	・・・	ba	吧	ba
xī	xí	xǐ	xì	・・・	xǐ	喜欢	xǐhuan
sī	sí	sǐ	sì	・・・	sì	四川	Sìchuān
lā	lá	lǎ	là	・・・	là	酸酸辣辣	suānsuānlàlà
chī	chí	chǐ	chì	・・・	chī	好吃	hǎochī
sū	sú	sǔ	sù	・・・	sù	素菜	sùcài
nī	ní	nǐ	nì	・・・	nì	油腻	yóunì
lī	lí	lǐ	lì	・・・	lǐ	料理	liàolǐ
yū	yú	yǔ	yù	・・・	yú	鱼刺	yúcì
cī	cí	cǐ	cì	・・・	cì	鱼刺	yúcì
tī	tí	tǐ	tì	・・・	tí	问题	wèntí

L8 学習重点：

üan / ün ; z(i) / c(i) / s(i)

声母（子音）と複韻母（複母音）と尾音

jīn	jín	jǐn	jìn	・・・	jīn	今天	jīntiān
mēn	mén	měn	mèn	・・・	men	我们	wǒmen
zuō	zuó	zuǒ	zuò	・・・	zuò	做饭	zuòfàn
huān	huán	huǎn	huàn	・・・	huan	喜欢	xǐhuan
chuān	chuán	chuǎn	chuàn	・・・	chuān	四川	Sìchuān
suān	suán	suǎn	suàn	・・・	suān	酸	suān
zuī	zuí	zuǐ	zuì	・・・	zuì	最好	zuìhǎo
cāi	cái	cǎi	cài	・・・	cài	素菜	sùcài
qīng	qíng	qǐng	qìng	・・・	qīng	清淡	qīngdàn
yōu	yóu	yǒu	yòu	・・・	yóu	油腻	yóunì
xiān	xián	xiǎn	xiàn	・・・	xiān	海鲜	hǎixiān
liāo	liáo	liǎo	liào	・・・	liào	料理	liàolǐ
duō	duó	duǒ	duò	・・・	duō	多	duō
mēi	méi	měi	mèi	・・・	méi	没	méi
wēn	wén	wěn	wèn	・・・	wèn	问题	wèntí

よりみちこみちひとやすみ6
~小道小花~

ぜんぶいえますか？ 中国の22省・4直轄市・民族自治区

- 北京市 Běijīng Shì
- 上海市 Shànghǎi Shì
- 天津市 Tiānjīn Shì
- 重庆市 Chóngqìng Shì
- 黑龙江 Hēilóngjiāng
- 吉林 Jílín
- 辽宁 Liáoníng
- 河北 Héběi
- 山东 Shāndōng
- 江苏 Jiāngsū
- 安徽 Ānhuī
- 浙江 Zhèjiāng
- 福建 Fújiàn
- 江西 Jiāngxī
- 广东 Guǎngdōng
- 香港（特别行政区）Xiānggǎng
- 澳门（特别行政区）Àomén
- 海南 Hǎinán
- 河南 Hénán
- 湖北 Húběi
- 湖南 Húnán
- 广西壮族 Guǎngxī Zhuàngzú
- 贵州 Guìzhōu
- 云南 Yúnnán
- 山西 Shānxī
- 陕西 Shǎnxī
- 内蒙古 Nèiménggǔ
- 宁夏回族 Níngxià Huízú
- 甘肃 Gānsù
- 四川 Sìchuān
- 青海 Qīnghǎi
- 新疆维吾尔 Xīnjiāng Wéiwú'ěr
- 西藏 Xīzàng

115

L9 高不可攀
〈高嶺の花〉

[CD Track 44]

1. Zhè ge chéngshì hǎo rènao a!
这个城市好热闹啊！

2. Yǒu bǎihuògōngsī、jùchǎng、diànyǐngyuàn、bówùguǎn……
有百货公司、剧场、电影院、博物馆……

3. Yě yǒu dàngāo diàn.
也有蛋糕店。

4. Yě yǒu xiǎolóngbāo guǎnzi.
也有小笼包馆子。

5. Yě yǒu yàoshàn cāntīng.
也有药膳餐厅。

6. Yě yǒu cōngyóumiàn.
也有葱油面。

7. Yě yǒu zhájiàngmiàn.
也有炸酱面。

8. Búguò dōu hěn guì.
不过都很贵。
Tāmen dōu qīfu wǒ~
它们都欺负我~

Wā~
哇~

日本語訳

1. すごくにぎやかな町ね！
2. デパートも劇場も映画館もあるし、博物館もあるわ…
3. ケーキ屋さんもあるね。
4. 小籠包のお店もあるし。
5. 薬膳料理のお店もある。
6. 葱油面もあるし。
7. 炸醤面もあるぅ。
8. でもみんな超高〜い。みんなでボクをいじめてる〜
8. わ〜
8. 恥ずかしいからおいてっちゃお。

生词（単語）

这	zhè	（代）	これ
个	ge	（量）	個
城市	chéngshì	（名）	都市
好	hǎo	（副）	とても
热闹	rènao	（形）	にぎやかな
啊	a	（助）	（びっくり・意外の語気）
有	yǒu	（動）	ある
百货公司	bǎihuògōngsī	（名）	デパート
剧场	jùchǎng	（名）	劇場
电影	diànyǐng	（名）	映画
院	yuàn	（名）	館・院
电影院	diànyǐngyuàn	（名）	映画館
博物馆	bówùguǎn	（名）	博物館
也	yě	（副）	…も
蛋糕	dàngāo	（名）	ケーキ
店	diàn	（名）	店
蛋糕店	dàngāodiàn	（名）	ケーキ屋
小笼包	xiǎolóngbāo	（名）	肉汁が入っている小さい肉まんじゅう
馆子	guǎnzi	（名）	料理屋
药膳	yàoshàn	（名）	薬膳
餐厅	cāntīng	（名）	レストラン
葱	cōng	（名）	ネギ
油	yóu	（名）	油
面	miàn	（名）	うどん
葱油面	cōngyóumiàn	（名）	ネギと油と塩で作ったうどん
炸酱面	zhájiàngmiàn	（名）	甘味噌と豆板醤といろいろな具で作ったうどん
不过	búguò	（接）	（文の前におき）しかし・だが・ただ
都	dōu	（副）	みな・すべて・全部
很	hěn	（副）	とても・非常に
贵	guì	（形）	（値段が）高い
它	tā	（代）	それ・そのこと（人間以外の物を指す）
它们	tāmen	（代）	（它の複数形）それら・あれら
欺负	qīfu	（動）	馬鹿にする・いじめる
我	wǒ	（代）	わたし
哇	wā	（擬）	（泣き声）わ〜っ・わあ
不	bù	（副）	…ない（否定詞）
好	hǎo	（形）	いい・よい
不好	bùhǎo	（組句）	よくない
意思	yìsi	（名）	気持ち・意味
不好意思	bùhǎoyìsi	（組句）	恥ずかしい
要	yào	（能動）	いる・欲しがる
不要	búyào	（副）	必要としない・要らない
管	guǎn	（動）	かまう
他	tā	（代）	彼
不要管他	búyàoguǎntā	（組句）	彼をほうっておく・彼をかまうな

招牌・标示（看板・標示）

好运	hǎoyùn	運がいい・幸運
电影	diànyǐng	映画
动作片	dòngzuòpiàn	アクション映画
好吃店	hǎochīdiàn	おいしい店
药膳餐厅	Yàoshàncāntīng	薬膳レストラン
面	miàn	（麺類の総称）麺

学習重点

● 3音節語と4音節語

1. 3音節語

多くの3音節語は2音節＋1音節と1音節＋2音節です。3音節語を発音するときには2つ（2音節＋1音節と1音節＋2音節）に分けると発音しやすいです。

[CD Track 45]

3音節語の発音練習

2音節＋1音節の3音節語

① jīnqiāng yú　　金枪 鱼〈鮪〉
② kōngxīn cài　　空心 菜〈空心菜〉
③ dàndàn miàn　　担担 面〈たんたん麺〉
④ dànhuā tāng　　蛋花 汤〈卵スープ〉
⑤ qíngrén jié　　情人 节〈バレンタインデー〉
⑥ huàzhuāng pǐn　　化妆 品〈化粧品〉
⑦ wǎngqiú sài　　网球 赛〈テニスの試合〉
⑧ gǎnmào yào　　感冒 药〈風邪薬〉
⑨ diànshì jī　　电视 机〈テレビ〉
⑩ shòupiào chù　　售票 处〈切符売り場〉

1音節＋2音節の3音節語

⑪ bái pútao　　白 葡萄〈白ワイン〉
⑫ hóng luóbo　　红 萝卜〈人参〉
⑬ chòu dòufu　　臭 豆腐〈臭豆腐〉
⑭ suān niúnǎi　　酸 牛奶〈ヨーグルト〉
⑮ bīng kāfēi　　冰 咖啡〈アイスコーヒー〉
⑯ tián diǎnxīn　　甜 点心〈甘いデザート〉
⑰ zhá shǔtiáo　　炸 薯条〈フライドポテト〉
⑱ xiǎo xióngmāo　　小 熊猫〈レッサーパンダ〉
⑲ tián mìmì　　甜 蜜蜜〈甘ったるいさま〉
⑳ suān liūliū　　酸 溜溜〈酸っぱい〉

2.4 音節語

中国語の語彙音節の基本は2音節です。多くの4音節語は2音節＋2音節で構成されているので、2音節語をしっかり覚えると4音節語はそれほど難しくありません。

[CD Track 46]

4音節語の発音練習

2音節＋2音節の4音節語

① dōngnuǎn xiàliáng　　冬暖　夏涼　〈冬は暖かく夏は涼しい〉
② shìbàn gōngbèi　　　事半　功倍　〈努力は半分で倍の効果がある〉
③ chéngxīn chéngyì　　誠心　誠意　〈誠心誠意〉
④ huāyán qiǎoyǔ　　　 花言　巧語　〈美辞麗句〉
⑤ yílù shùnfēng　　　 一路　順風　〈道中ご無事で〉
⑥ huópo kě'ài　　　　 活泼　可愛　〈活発でかわいい〉
⑦ gāosù gōnglù　　　　高速　公路　〈高速道路〉
⑧ gōnggòng qìchē　　　公共　汽車　〈バス〉
⑨ chāojí shìchǎng　　 超級　市場　〈スーパーマーケット〉
⑩ lěngdòng shípǐn　　 冷凍　食品　〈冷凍食品〉

〈P.116の漫画会話中の単語を使って、自分で練習してみましょう！〉

声調の発音練習（第一声→第二声→第三声→第四声→ … 確認声調）

2音節語の声母（子音）と単韻母（単母音）と複韻母（複母音）の総合練習

chēng	chéng	chěng	chèng	…	chéng	城市	chéngshì
rē	ré	rě	rè	…	rè	热闹	rènao
jū	jú	jǔ	jù	…	jù	剧场	jùchǎng
guān	guán	guǎn	guàn	…	guǎn	馆子	guǎnzi
yāo	yáo	yǎo	yào	…	yào	药膳	yàoshàn
cān	cán	cǎn	càn	…	cān	餐厅	cāntīng
tā	tá	tǎ	tà	…	tā	它们	tāmen
qī	qí	qǐ	qì	…	qī	欺负	qīfu

3音節語と4音節語の声母（子音）と単韻母（単母音）と複韻母（複母音）の総合練習

diān	dián	diǎn	diàn	…	diàn	电影院	diànyǐngyuàn
bō	bó	bǒ	bò	…	bó	博物馆	bówùguǎn
dān	dán	dǎn	dàn	…	dàn	蛋糕店	dàngāodiàn
xiāo	xiáo	xiǎo	xiào	…	xiǎo	小笼包	xiǎolóngbāo
cōng	cóng	cǒng	còng	…	cōng	葱油面	cōngyóumiàn
zhā	zhá	zhǎ	zhà	…	zhá	炸酱面	zhájiàngmiàn
bāi	bái	bǎi	bài	…	bǎi	百货公司	bǎihuògōngsī

よりみちこみちひとやすみ7
～小道小花～

覚えておきたい数字とお金の単位　背背数字和中国货币单位

数　字　数字

零	líng	零・0
一	yī	一・1
二	èr	二・2
三	sān	三・3
四	sì	四・4
五	wǔ	五・5
六	liù	六・6
七	qī	七・7
八	bā	八・8
九	jiǔ	九・9
十	shí	十・10
百	bǎi	百
千	qiān	千
万	wàn	万
亿	yì	億
兆	zhào	兆
京	jīng	京（兆の1万倍）
垓	gāi	垓（京の1万倍）

中国の貨幣単位　钱的单位

元	yuán	元（文章用語）
角	jiǎo	角（文章用語・元の10分の1（日本貨幣の10銭））
分	fēn	分（文章用語・元の100分の1（日本貨幣の100銭））
块	kuài	元（会話用語）
毛	máo	毛（会話用語・元の10分の1（日本貨幣の10銭））
分	fēn	分（会話用語・元の100分の1（日本貨幣の100銭））

L10 梦破山河在?
〈夢破れて山河あり？〉 [CD Track 47]

1. Cài bāozi yí ge jǐ kuài qián?
菜包子一个几块钱？

2. yí ge yí kuài qián.
一个一块钱。
Mǎi yí ge sòng yí ge.
买一个送一个。

3. Rèjīnyú jǐ kuài?
热金鱼几块？
Yì tiáo liù kuài.
一条六块。

4. Wǒ yào
我要
yì hé yuèbing.
一盒月饼。

5. Yì xiāng píngguǒ.
一箱苹果。

6. Yì dá píjiǔ……
一打啤酒……。
Yígòng duōshao qián?
一共多少钱？

7. Yígòng yìbǎi-
一共一百
yīshiyī kuài.
一十一块。

8. Nà wǒ zhǐ yào
那我只要
yí ge yuèbing.
一个月饼。

梦破山河在……

日本語訳

1. 野菜まん1個いくら？
2. 老板(店主) 1元だよ。1個買ったらもうひとつおまけがつくよ。
3. 鯛焼きいくら？
3. 老板(店主) 1個6元です。
4. ボク月餅1箱欲しいな。
5. リンゴ1箱。
6. ビール1ケース…。全部でいくら？
7. 老板(店主) 全部で111元です。
8. じゃあボク、月餅ひとつだけでいいや。
8. ゆめやぶれて山河あり…

生词(単語)

菜	cài	(名)	野菜
包子	bāozi	(名)	(具が入っている)中華まんじゅう
菜包子	càibāozi	(名)	野菜まん
一	yī	(数)	1
个	ge	(量)	個
几	jǐ	(代)	いくつ(十以下の数をたずねる)
块	kuài	(量)	元(中国の貨幣単位)
钱	qián	(名)	かね・金銭・貨幣
几块钱	jǐkuàiqián	(組句)	いくら(値段をたずねる)
买	mǎi	(動)	買う
送	sòng	(動)	贈る
热	rè	(形)	熱い
金鱼	jīnyú	(名)	金魚
热金鱼	rèjīnyú	(名)	(あんこが入っている)鯛焼き
几块	jǐkuài	(組句)	いくら(値段をたずねる)
条	tiáo	(量)	本(細長いものを数える)
我	wǒ	(代)	わたし
要	yào	(動)	欲しい・いる
盒	hé	(量)	(小型の)箱・ケース
月饼	yuèbing	(名)	月餅
箱	xiāng	(量)	(大型の)箱・ケース
苹果	píngguǒ	(名)	リンゴ
打	dá	(量)	ダース
啤酒	píjiǔ	(名)	ビール
一共	yígòng	(副)	合計で・全部で
多少	duōshao	(代)	いくつ(一般に十以上の数をたずねる)
多少钱	duōshaoqián	(組句)	いくら(値段をたずねる)
百	bǎi	(数)	百
一百一十一	yìbǎiyīshiyī	(数)	111
那	nà	(接)	それなら・それでは
只	zhǐ	(副)	ただ…だけ
梦	mèng	(名)	夢
破	pò	(動)	破れる
山河	shānhé	(名)	山河・国土・故郷
在	zài	(動)	ある・存在する
梦破山河在	Mèngpòshānhézài	(組句)	(中国詩人杜甫の「春望」のパロディ)ゆめやぶれて山河あり 「春望」のオリジナルは「国破山河在」

招牌·标示(看板·標示)

菜包子	càibāozi	野菜まん
热金鱼	rèjīnyú	鯛焼き
应有尽有市场	yīngyǒujìnyǒushìchǎng	なんでも市場
月饼	yuèbing	月餅
始祖	shǐzǔ	元祖
水果店	shuǐguǒdiàn	果物屋
苹果	píngguǒ	リンゴ
老板	lǎobǎn	店主・オーナー・主人

学習重点
- ●「一」の声調変化
- ●数字

1.「一」の声調変化

　「一」の本来の声調は第一声「yī」ですが、「一」の後ろの量詞音節が第四声の場合は第二声に、後ろの量詞音節が第一・第二・第三声の場合は第四声に変わります。

例

一个　yíge

　一（yī）第一声　＋　个（ge）　軽声　　→　一（yí）第二声＋个（ge）

一千　yìqiān

　一（yī）第一声　＋　千（qiān）　第一声　→　一（yì）第四声＋千（qiān）

一元　yìyuán

　一（yī）第一声　＋　元（yuán）　第二声　→　一（yì）第四声＋元（yuán）

一百　yìbǎi

　一（yī）第一声　＋　百（bǎi）　第三声　→　一（yì）第四声＋百（bǎi）

一万　yíwàn

　一（yī）第一声　＋　万（wàn）　第四声　→　一（yí）第二声＋万（wàn）

　しかし、下記の4つの場合には、「一」は本来の声調（第一声「yī」）のまま変化しません。

1　序　　数

例　　第一　　(dìyī)　〈第一〉　　　　第一个　(dìyīge)　〈1個目〉
　　　星期一　(xīngqīyī)　〈月曜日〉　　一月　　(yīyuè)　〈1月〉
　　　一月一号　(yīyuèyīhào)　〈1月1日〉

2　棒読みの数字

例　　123(yī'èrsān)　〈123〉　　　1981年(yījiǔbāyīnián)　〈1981年〉

3　2桁の数字

例　　11(yīshiyī)　〈11〉　　　111(yībǎiyīshiyī)　〈111〉

4　単語の語尾

例　　唯一 (wéiyī)　〈唯一〉

中国語の「年」、「天」、「星期（周）」（「年間」、「日」、「週間」）などの名詞は量詞の性質をもっているので「一」の声調（第一声「yī」）は変化します。

例　　一年　　(yìnián)　〈一年間〉　　一天　(yìtiān)　〈一日〉
　　　一星期　(yìxīngqī)　〈一週間〉　　一周　(yìzhōu)　〈一週間〉

[CD Track 48]

「一」の声調変化の発音練習

第二声 + 軽声

① yí ge　一 个　〈1個〉

第四声 + 第一声

② yì qiān　一 千　〈1千〉
③ yì bēi　一 杯　〈1杯(コップ)〉
④ yì jiān　一 间　〈1つ(部屋)〉
⑤ yì zhī　一 只　〈1匹・1羽(動物・家畜・昆虫・靴など)〉

第四声 + 第二声

⑥ yì yuán　一 元　〈1元(中国の貨幣単位)〉
⑦ yì tái　一 台　〈1台(機械・コンピュータなど)〉
⑧ yì píng　一 瓶　〈1本・1瓶(酒・飲料・醤油など)〉
⑨ yì tiáo　一 条　〈1匹・1個(魚・ズボンなど)〉

第四声 + 第三声

⑩ yì bǎi　一 百　〈百〉
⑪ yì wǎn　一 碗　〈1杯(碗)〉
⑫ yì bǎ　一 把　〈1脚・1本(椅子・傘など)〉
⑬ yì běn　一 本　〈1冊(本・雑誌・辞典)〉

第二声 + 第四声

⑭ yí wàn　一 万　〈1万〉
⑮ yí jiàn　一 件　〈1着・1つ(衣服・事など)〉
⑯ yí lì　一 粒　〈1粒・1つ(米・豆・砂など)〉
⑰ yí wèi　一 位　〈1名・一人〉

2. 数字

[CD Track 49]

数字の発音練習

零~十 (ゼロ)	líng 零	yī 一	èr 二	sān 三	sì 四	wǔ 五	liù 六	qī 七	bā 八	jiǔ 九	shí 十
奇数		yī 一		sān 三		wǔ 五		qī 七		jiǔ 九	
偶数			èr 二		sì 四		liù 六		bā 八		shí 十

[CD Track 50]

応用練習　発音チャレンジ

●**練習方法**：まずピンインと漢字を見ながら発音を練習します。その次に、声調と漢字だけで発音を練習します。最後に、漢字だけで発音を練習します。

1. ピンインと漢字

★ Yí ge jǐ kuài qián?
　 一　个　几　块　钱？　〈1個いくらですか？〉

★ Yì bēi jǐ kuài qián?
　 一　杯　几　块　钱？　〈1杯いくらですか？〉

★ Yì píng jǐ kuài qián?
　 一　瓶　几　块　钱？　〈1本(瓶)いくらですか？〉

★ Yì wǎn jǐ kuài qián?
　 一　碗　几　块　钱？　〈1杯(碗)いくらですか？〉

★ Yí jiàn jǐ kuài qián?
　 一　件　几　块　钱？　〈1着いくらですか？〉

2. 声調と漢字

★ ／ ○ ∨ ＼ ／？
　一　个　几　块　钱？　〈1個いくらですか？〉

★ ＼ 一 ∨ ＼ ／？
　一　杯　几　块　钱？　〈1杯いくらですか？〉

★ ＼ ／ ∨ ＼ ／？
　一　瓶　几　块　钱？　〈1本(瓶)いくらですか？〉

★ ＼ ∨ ∨ ＼ ／？
　一　碗　几　块　钱？　〈1杯(碗)いくらですか？〉

★ ／ ＼ ∨ ＼ ／？
　一　件　几　块　钱？　〈1着いくらですか？〉

3. 漢字

★ 一　个　几　块　钱？　〈1個いくらですか？〉

★ 一　杯　几　块　钱？　〈1杯いくらですか？〉

★ 一　瓶　几　块　钱？　〈1本(瓶)いくらですか？〉

★ 一　碗　几　块　钱？　〈1杯(碗)いくらですか？〉

★ 一　件　几　块　钱？　〈1着いくらですか？〉

よりみちこみちひとやすみ 8
～小道小花～

「数え方」いろいろ（よく使われる中国語の量詞（量詞と動量詞））

量詞 量词

个	ge	個（一番応用範囲が広い量詞）
位	wèi	名（敬意を伴った人を数える量詞）
张	zhāng	枚（紙・ベッドなどを数える量詞）
本	běn	冊（本・辞典などを数える量詞）
道	dào	皿（料理を数える量詞）
盘	pán	皿（料理を数える量詞）
碗	wǎn	杯（飯茶碗などを数える量詞）
杯	bēi	杯（コップなどを数える量詞）
瓶	píng	本（飲料など瓶に入っている物を数える量詞）
打	dá	ダース（12個・12本などのセットを数える量詞）
辆	liàng	台（車両類を数える量詞）
台	tái	台（機械などを数える量詞）
把	bǎ	本・丁・脚など（傘・ピストル・刀・椅子などを数える量詞）
支	zhī	曲・本（歌・鉛筆のような棒状の物を数える量詞）
只	zhī	匹・羽（耳・手・豚・鳥などを数える量詞）
头	tóu	頭・匹（牛・馬などを数える量詞）
条	tiáo	匹・着・本（犬・ズボン・スカート・道路などを数える量詞）
双	shuāng	膳・足（靴・箸・手・目などのペアになっている物を数える量詞）
对	duì	組・対（恋人・夫婦・花瓶などの一組を数える量詞）
套	tào	組・式・セット（一組になっている器具・玩具などを数える量詞）

動量詞 动量词

阵	zhèn	ひとしきり（風・雨などを数える動量詞）
场	cháng	話・回・ひとしきり（雨などを数える動量詞）
场	chǎng	回（テスト・映画・芝居などを数える動量詞）
次	cì	回・遍（行く・見る・試すなどの動作を表す動量詞）
趟	tàng	回（行く・来るなどの往復の動作の回数を表す動量詞）
遍	biàn	回（話す・読むなどの動作の始終などを数える動量詞）
回	huí	回・度（行く・見る・話すなどの動作を数える動量詞）
顿	dùn	回・度（食事・けんかなどの動作を数える動量詞）
下	xià	回（打つ・考える・ノックなどの動作を数える動量詞）
拳	quán	発（げんこつで殴る動作などを数える動量詞）
脚	jiǎo	けり（足でける動作を数える動量詞）
口	kǒu	口（かむ・かじる・食べるなどの動作を数える動量詞）
眼	yǎn	目（ちらっと見る動作を数える動量詞）

L11 没坐新干线去对了!
〈新幹線にしなくてよかった！〉

[CD Track 51]

1
Wǒmen qù kàn diànyǐng hǎobuhǎo?
我们去看电影好不好？

2
Hǎo! Tiānqì yě hěn hǎo, wǒmen zǒulù qù ba!
好！天气也很好，我们走路去吧！

Wǒ bù xiǎng zǒulù qù.
我不想走路去。

3
Nà, wǒmen zuò gōnggòngqìchē qù.
那，我们坐公共汽车去。

Wǒ bù xǐhuan zuò gōnggòngqìchē.
我不喜欢坐公共汽车。

4
Nà, wǒmen qí zìxíngchē qù.
那，我们骑自行车去。

Wǒ bú huì qí zìxíngchē.
我不会骑自行车。

5
Nà, nǐ zuò Xīngànxiàn qù ba!
那，你坐新干线去吧！

Hǎo! Hǎo! Hǎo!
好！好！好！

6
Jiāyóu! yí huìr jiàn!
加油！一会儿见！

日本語訳

1. ねぇ、映画見に行かない?
2. いいよ！天気もいいし歩いて行こう！
   ボク、歩きたくない。
3. じゃあ、バスに乗ってく?
3. ボク、バスきらい。
4. じゃあ、自転車にする?
4. ボク、自転車乗れない。
5. じゃあ、あんたは新幹線にすれば?
5. 行く！　行く！　行く！
6. がんばってね～！　あとで会お～ね～！
6. …

生词〈単語〉

我们	wǒmen	(代)	わたしたち
去	qù	(動)	行く
看	kàn	(動)	見る
电影	diànyǐng	(名)	映画
好	hǎo	(形)	いい・よい
不	bù	(副)	いいえ・…ない
好不好	hǎobuhǎo	(組句)	いいですか・いいかどうか（諾否疑問）
走路	zǒulù	(動)	歩く
去	qù	(動)	…行く（方向補語として話し手に遠ざかる方向の動作）
吧	ba	(助)	…しましょう（誘う・提案の語気）
我	wǒ	(代)	わたし
想	xiǎng	(能動)	…したい・するつもり
那	nà	(接)	それなら・それでは
坐	zuò	(動)	（バス・電車に）乗る・座る
公共汽车	gōnggòngqìchē	(名)	バス
喜欢	xǐhuan	(動)	好む・好きである
骑	qí	(動)	（自転車・バイクに）乗る
自行车	zìxíngchē	(名)	自転車
会	huì	(能動)	できる（学習により習得した技能）
不会	búhuì	(組句)	できない
你	nǐ	(代)	あなた・君
新干线	Xīngànxiàn	(名)	新幹線
加油	jiāyóu	(動)	がんばる・（応援）がんばれ
一会儿	yíhuìr	(名)	のちほど・暫く・ちょっとの間
见	jiàn	(動)	会う

招牌・标示〈看板・標示〉

动作片	dòngzuòpiàn	アクション映画
熊猫	xióngmāo	パンダ
公车	gōngchē	バス

拟声・拟态词〈擬声・擬態語〉

嘟	dū	ブー

学習重点

● 「不」の声調変化

「不」の声調変化

　「不」の声調変化は後ろについてくる文字の声調によって、第二声「bú」あるいは第四声「bù」に変わります。

例

不多　bùduō

不 ＋ 多 (duō)　第一声　→　不 (bù)　第四声　　多 (duō)　第一声

不忙　bùmáng

不 ＋ 忙 (máng)　第二声　→　不 (bù)　第四声　　忙 (máng)　第二声

不小　bùxiǎo

不 ＋ 小 (xiǎo)　第三声　→　不 (bù)　第四声　　小 (xiǎo)　第三声

不大　búdà

不 ＋ 大 (dà)　第四声　→　不 (bú)　第二声　　大 (dà)　第四声

＊「不」の声調変化は「一」と同じです。後ろにつく文字の声調が第一声と第二声と第三声の場合は「不」が第四声「不」(bù) になり、第四声の文字がつくときの「不」は、第二声「不」(bú) になります。前をの「一」の声調変化 (P.124) を参照してください。

　しかし、動詞や形容詞などの肯定と否定で構成された反復疑問文の場合は、「不」の声調は軽声となります。

1　動詞反復疑問文

例
- 是不是　(shìbushì)　〈…ですか？〉
- 在不在　(zàibuzài)　〈いますか？〉
- 吃不吃　(chībuchī)　〈食べますか？〉
- 买不买　(mǎibumǎi)　〈買いますか？〉
- 来不来　(láibulái)　〈来ますか？〉

2　能願動詞反復疑問文

例
- 会不会　(huìbuhuì)　〈できますか？（技能）〉
- 能不能　(néngbunéng)　〈できますか？（能力）〉
- 可不可以　(kěbukěyǐ)　〈いいですか？（許可）〉
- 想不想　(xiǎngbuxiǎng)　〈したいですか？するつもりですか？（思う）〉
- 要不要　(yàobuyào)　〈要りますか？（要求）〉

3　形容詞反復疑問文

例
- 大不大　(dàbudà)　〈大きいですか？〉
- 多不多　(duōbuduō)　〈多いですか？〉
- 忙不忙　(mángbumáng)　〈忙しいですか？〉
- 好不好　(hǎobuhǎo)　〈いいですか？よいですか？〉
- 甜不甜　(tiánbutián)　〈甘いですか？〉

[CD Track 52]

応用練習　発音チャレンジ

●**練習方法**：まずピンインと漢字を見ながら発音を練習します。その次に、声調と漢字だけで発音を練習します。最後に、漢字だけで発音を練習します。

1. ピンインと漢字

★ Nǐ　mángbumáng?
你　　忙不忙?　　〈忙しいですか？〉

★ Wǒ　bù　máng.
我　　不　忙。　　〈忙しくありません。〉

★ Nǐ　kànbukàn diànyǐng?
你　　看不看　　电影?　　〈映画を見ますか？〉

★ Wǒ　bú　kàn　diànyǐng.
我　　不　看　　电影。　　〈映画を見ません。〉

2. 声調と漢字

★ ˇ　　ˊ○ˊ?
你　　忙不忙?　　〈忙しいですか？〉

★ ˇ　　ˋ　ˊ.
我　　不　忙。　　〈忙しくありません。〉

★ ˇ　　ˋ○ˋ　　ˋˇ?
你　　看不看　　电影?　　〈映画を見ますか？〉

★ ˇ　　ˊ　ˋ　　ˋˇ.
我　　不　看　　电影。　　〈映画を見ません。〉

3. 漢　字

★　你　忙不忙？　　　〈忙しいですか？〉

★　我　不　忙。　　　〈忙しくありません。〉

★　你　看不看　电影？　〈映画を見ますか？〉

★　我　不　看　电影。　〈映画を見ません。〉

L12 再也不想去的家
〈もう二度と行きたくない家〉 [CD Track 53]

1． Tā shì wǒ péngyou.
她是我朋友。

Xīnnián hǎo!
新年好！

2． Wǒ bàba hé wǒ māma.
我爸爸和我妈妈。

3． Wǒ gēge、jiějie……
我哥哥、姐姐……

4． Dìdi、mèimei……
弟弟、妹妹……

5． Tāmen de qīzi hé zhàngfu……
他们的妻子和丈夫……

6． Tāmen de háizi.
他们的孩子。

7． Gōngxǐ fācái hóngbāo nálai!!
恭喜发财红包拿来！！

Wǒ de tiān a!
我的天啊！

日本語訳

1 ボクの友達だよ。
1 あけましておめでとうございます！
2 ボクのパパとママ。
2 圆嘟嘟母亲〈圆嘟嘟のお母さん〉 こんにちは！
3 ボクのお兄ちゃんとお姉ちゃん…
4 弟と妹…
5 彼らの奥さんと旦那さんだよ…
6 彼らのこどもたちさ。
7 孩子们〈こどもたち〉 おめでとー
　お年玉ちょーだい！！
7 げ…うそでしょ…！！

生词〈単語〉

她	tā	（代）	彼女
是	shì	（動）	…は…である
我	wǒ	（代）	わたし
朋友	péngyou	（名）	友人
新年	xīnnián	（名）	新年
好	hǎo	（形）	よい
新年好	xīnniánhǎo	（組句）	新年おめでとう
爸爸	bàba	（名）	おとうさん・父・父親
和	hé	（接）	…と・及び
妈妈	māma	（名）	おかあさん・母・母親
你	nǐ	（代）	あなた・君
你好	nǐhǎo	（組句）	（挨拶言葉）こんにちは
哥哥	gēge	（名）	兄
姐姐	jiějie	（名）	姉
弟弟	dìdi	（名）	弟
妹妹	mèimei	（名）	妹
他们	tāmen	（代）	彼ら
的	de	（助）	…の
妻子	qīzi	（名）	妻
丈夫	zhàngfu	（名）	夫・ご主人
孩子	háizi	（名）	こども
恭喜	gōngxǐ	（動）	おめでとう
发财	fācái	（動）	金をもうける・金持ちになる
恭喜发财	gōngxǐfācái	（組句）	（新年の挨拶言葉）お金もうけができるように
红包	hóngbāo	（名）	お年玉
拿	ná	（動）	持つ
来	lái	（動）	…来る（方向補語として話し手に近づく方向の動作）
拿来	nálai	（組句）	持ってくる・ちょうだい
天	tiān	（名）	空
啊	a	（助）	感動・意外・肯定の語気
我的天啊	wǒdetiān'a	（組句）	神様ぁ〜

招牌・标示〈看板・標示〉

新春快乐	xīnchūnkuàilè	新春快楽
福	fú	福
发财	fācái	金持ちになる・金をもうける
万事如意	wànshìrúyì	万事めでたし・万事が思いどおりである
恭贺新禧	gōnghèxīnxǐ	謹賀新年
恭喜发财	gōngxǐfācái	（新年の挨拶言葉）お金もうけができるように

学習重点

● 「第一声～第四声」+「軽声」の発音

[CD Track 54]

「第一声～第四声」+「軽声」の発音練習

第一声の後ろに軽声がある場合は、軽声のアクセントが下がります。

第一声 + 軽声
① 公公　　gōnggong　　〈夫の父・しゅうと〉
② 梳子　　shūzi　　　　〈櫛〉
③ 舒服　　shūfu　　　　〈気持ちがよい・心地よい〉
④ 知道　　zhīdao　　　 〈知る〉
⑤ 消息　　xiāoxi　　　　〈消息・情報〉

第二声の後ろに軽声がある場合は、軽声のアクセントが下がります。

第二声 + 軽声
⑥ 婆婆　　pópo　　　　〈夫の母・しゅうとめ〉
⑦ 瓶子　　píngzi　　　〈瓶〉
⑧ 便宜　　piányi　　　〈(値段が) 安い〉
⑨ 咳嗽　　késou　　　〈咳〉
⑩ 蘑菇　　mógu　　　　〈キノコ〉

第三声の後ろに軽声がある場合は、軽声のアクセントが上がります。

第三声 + 軽声
⑪ 奶奶　　nǎinai　　　〈おばあさん（父親の母親）〉
⑫ 姐姐　　jiějie　　　　〈姉〉
⑬ 稿子　　gǎozi　　　　〈原稿〉
⑭ 马虎　　mǎhu　　　　〈いい加減である〉
⑮ 暖和　　nuǎnhuo　　〈暖かい〉

第四声の後ろに軽声がある場合は、軽声のアクセントが下がります。

第四声
＋
軽声

⑯ 弟弟　dìdi　　　〈弟〉
⑰ 骗子　piànzi　　〈詐欺師〉
⑱ 钥匙　yàoshi　　〈カギ〉
⑲ 大夫　dàifu　　　〈お医者さん〉
⑳ 意思　yìsi　　　〈意味〉

「第三声＋軽声」の第三声の発音方法

「第三声＋軽声」の「第三声」の発音方法には2つのパターンがあります。

1　第二声に近い「半第三声」

「第三声＋軽声」の軽声（例えば、小姐 xiǎojie）の「姐」は本来の第三声（小姐 xiǎojiě）で発音してもよく、第三声と一緒に発音をするときに前の「半第三声」（小姐 xiǎojie）の「小」は第二声に近い発音で発声します。

また、動詞の単音節語の重ね（例えば、扫扫 sǎosao〈ちょっと掃く〉）の場合も同じです。ピンインを表記するときにはそのまま「第三声と軽声」。

例
　　　　　　ピンイン表記　　　発声「ˇ ／」（半第三声）
哪里　　　　nǎli　　　　　　　nali　　〈（場所）どこ〉
小姐　　　　xiǎojie　　　　　xiaojie　〈未婚女性（ミス）〉

2　第三声に近い「半第三声」

「第三声＋軽声」の軽声（例えば、稿子gǎozi）の「子」は第三声（稿子gǎozǐ）では発音しません。第三声と一緒に発音をするときに前の「半第三声」（稿子gǎozi）の「稿」は第三声に近い発音で発声します。

また、名詞の単音節語の重ね（例えば、嫂嫂sǎosao〈兄嫁〉）の場合も同じです。しかし、完全に「第三声」を発声しません。下がる部分「﹀」（半第三声）のみを発声します。ピンインを表記するときにはそのまま「第三声と軽声」。

例
	ピンイン表記	発声 ﹀ （半第三声）	
稿子	gǎozi	gǎozi	〈草稿〉
暖和	nuǎnhuo	nuǎnhuo	〈暖かい〉

[CD Track 55]

応用練習　発音チャレンジ

●**練習方法：** まずピンインと漢字を見ながら発音を練習します。その次に、声調と漢字だけで発音を練習します。最後に、漢字だけで発音を練習します。

1. ピンインと漢字

★ Wǒ māma.
　我　妈妈。　〈わたしの母です。〉

★ Nín hǎo!
　您　好！　〈こんにちは！〉

★ Tā shì nǐ mèimei ma?
　她　是　你　妹妹　吗？　〈彼女はあなたの妹ですか？〉

★ Tā shì wǒ jiějie.
　她　是　我　姐姐。　〈彼女は私の姉です。〉

★ Hǎo piàoliang!
　好　漂亮！　〈綺麗！〉

2. 声調と漢字

- ★ ˇ　ー ˳.
  我　妈妈。　　　　　〈わたしの母です。〉

- ★ ˊ　ˇ !
  您　好!　　　　　　〈こんにちは!〉

- ★ ー　ヽ　ˇ　ヽ ˳　˳?
  她 是 你 妹妹 吗?　〈彼女はあなたの妹ですか?〉

- ★ ー　ヽ　ˇ　ˇ ˳.
  她 是 我 姐姐。　　〈彼女は私の姉です。〉

- ★ ˇ　ヽ ˳ !
  好 漂亮!　　　　　〈綺麗!〉

3. 漢字

- ★ 我 妈妈。　　　　〈わたしの母です。〉

- ★ 您 好!　　　　　〈こんにちは!〉

- ★ 她 是 你 妹妹 吗?　〈彼女はあなたの妹ですか?〉

- ★ 她 是 我 姐姐。　　〈彼女は私の姉です。〉

- ★ 好 漂亮!　　　　　〈綺麗!〉

L13 加油！十三号！
〈がんばれ！13番！〉 [CD Track 56]

1
Qī hào mǎ hěn shòu,
七号马很瘦，
dànshì pǎo de hěn kuài.
但是跑得很快。

2
Bā hào mǎ hěn kě'ài
八号马很可爱
yě hěn cōngmíng.
也很聪明。

3
Shísān hào mǎ hěn xǐhuan
十三号马很喜欢
tiántiánquān.
甜甜圈。

4
Nǐ mǎi le jǐ hào?
你买了几号？
Wǒ mǎi le shísān hào.
我买了十三号。

5
Wèishénme ne?
为什么呢？
Tā nàme pàng!
他那么胖！

6
Yīnwèi wǒ yě hěn xǐhuan tiántiánquān.
因为我也很喜欢甜甜圈。

日本語訳

1. 7番の馬、すごく痩せてるけど足は速いよ。
2. 8番の馬、かわいくって賢そう。
3. 13番の馬はドーナツが大好きなんだって。
4. あんた何番買った？
4. ボク13番買ったよ。
5. えーっ、何で？
5. あの馬太りすぎよ！
6. ボクもドーナツ大好きなんだもん。

生词〈単語〉

七	qī	（数）	7
号	hào	（名）	番号
马	mǎ	（名）	馬
很	hěn	（副）	とても・非常に
瘦	shòu	（形）	痩せている
但是	dànshì	（接）	しかし
跑	pǎo	（動）	走る
得	de	（助）	（程度又は結果を表す補語を導く）
快	kuài	（形）	（速度が）速い
八	bā	（数）	8
可爱	kě'ài	（形）	かわいい・愛しい
也	yě	（副）	…も
聪明	cōngmíng	（形）	聡明な・賢い
十三	shísān	（数）	13
喜欢	xǐhuan	（動）	好む・気に入る
甜甜圈	tiántiánquān	（名）	ドーナツ（別名：炸面圈儿 zhámiànquānr）
你	nǐ	（代）	あなた・君
买	mǎi	（動）	買う
了	le	（助）	…た（動作や行為などの完了と変化）
几	jǐ	（代）	いくつ（十以下の数をたずねる）
几号	jǐhào	（組句）	何番
我	wǒ	（代）	わたし
为什么	wèishénme	（副）	どうして・なぜ
呢	ne	（助）	…の（か？）（確認の語気）
他	tā	（代）	彼
那么	nàme	（代）	あんなに・そんなに（程度や性質などを表す）
胖	pàng	（形）	（人間が）太っている（動物などは「肥(féi)」を使いますが、馬を人間にたとえてあえて「胖」を使います）
因为	yīnwèi	（接）	…なぜならば（原因や理由などを述べる）

招牌・标示〈看板・標示〉

加油！七号马。	Jiāyóu! Qīhàomǎ.	がんばれ！7番
赛马	sàimǎ	競馬
跑在最后	pǎozàizuìhòu	ビリ

学習重点

● 「第三声」＋「第一声～第四声」の発音

「第三声＋第一声」「第三声＋第二声」「第三声＋第三声」
「第三声＋第四声」の発音方法

1 「第三声」の後ろに「第一声」「第二声」「第四声」がくる場合

前の「第三声」の声調を低く（半第三声「‿」）発音します。前の「第三声」のピンインはそのまま「第三声」で表記します（下表参照。なお「第三声＋軽声」についてはP.138〜139も参照してください）。

2 「第三声＋第三声」の場合

前の「第三声」は「第二声」の声調に近い、半第三声「‿ノ」を発音します。前の「第三声」のピンインはそのまま「第三声」で表記します。

		例	ピンイン表記	発　音	
第三声＋	第一声	很多	hěn duō	hěn（半第三声「‿」）	duō
	第二声	很忙	hěn máng	hěn（半第三声「‿」）	máng
	第四声	很大	hěn dà	hěn（半第三声「‿」）	dà
	軽声	小的	xiǎo de	xiǎo（半第三声「‿」）	de
第三声＋第三声		很小	hěn xiǎo	hěn（半第三声「‿ノ」）	xiǎo

3 「第三声」が2つ以上続く場合(「第三声」+「第三声」+「第三声」+…)

> パターンその１

例

　　　　　Wǒ yě hěn xiǎng dǎ wǎngqiú.
　　　　　我　也　很　想　打　网球。

　このような6つの「第三声」が続く場合は、まず品詞を分けてグループにします。
　「我」は「人称代名詞」、「也」は「副詞」、「很」は「副詞」、「想」は「能願動詞」、「打」は「動詞」、「网球」は「名詞」で6つの品詞となります。
次はグループに分けます。
　「打」（動詞）の目的語は「网球」（名詞）ですので、「打」と「网球」を1つのグループにします。
　「很」（副詞）は「想」（能願動詞）を修飾しますので「很」と「想」を1つのグループにします。最後に「我」（人称代名詞）と「也」（副詞）を1つのグループにします。そうすると、下記のような3つのグループに分けられます。

　　　　　Wǒyě hěnxiǎng dǎwǎngqiú.
　　　　　我也　　很想　　打网球。

　「我」と「也」は1つのグループですので、「我」の声調は第二声の声調に近い半第三声（ ˇ ／）で、「也」の声調は低い部分のみの半第三声 ˇ を発音します。
　同じように「很」と「想」は1つのグループですので、「很」の声調は「我」と同じ第二声に近い半第三声（ ˇ ／）で、「想」の声調は「也」と同じ低い部分のみの半第三声 ˇ を発音します。
　「打网球」の場合は、「网球」は1つの単語（テニス）ですので、「网球」を1つの単語として発音します。発音するときに「网」の後ろに「球」（第二声）があるので、「网」の声調は「也」と「想」と同じ、声調を低い部分のみの半第三声（ ˇ ）を発音します。「打」（第三声）の後ろに「网」（第三声）があるので、「打」の声調は「我」と「很」と同じ第二声に近い半第三声（ ˇ ／）を発音します。

本来のピンイン表記：

Wǒ yě hěn xiǎng dǎ wǎngqiú.
我 也 很 想 打 网球。

実際発音するとき：

[˅ ／] [˅ ˅]　　　[˅ ／] [˅ ˅]　　　[˅ ／] [˅ ˅] [／]
Wǒyě　　　　　hénxiǎng　　　　dǎwǎngqiú.
我也　　　　　　很想　　　　　　打网球。

(パターンその2)

例

Wǒ mǎi liǎng běn shū.
我 买 两 本 书。

まず品詞を分けます。「我」は「人称代名詞」、「买」は「動詞」、「两」は「数詞」、「本」は「量詞」、「书」は「名詞」で5つの品詞があります。

次はグループに分けます。「两本书」は「2冊の本」ですので、1つのグループにします。「我买」は「わたしは…を買います」ので「我买」を1つのグループにします。

そうすると、下記のような2つのグループに分けられます。

Wǒmǎi liǎngběnshū.
我买　　两本书。

本来のピンイン表記：

Wǒ mǎi liǎng běn shū.
我 买 两 本 书。

実際発音するとき：

[˅ ／] [˅ ˅]　　　　[˅ ／] [˅ ˅] [—]
Wǒmǎi　　　　　　liǎngběnshū.
我买　　　　　　　两本书。

[CD Track 57]

応用練習　発音チャレンジ

●**練習方法：**　まずピンインと漢字を見ながら発音を練習します。その次に、声調と漢字だけで発音を練習します。最後に、漢字だけで発音を練習します。

1. ピンインと漢字

★　Wǒ　mǎi　mǎpiào.
　　我　买　马票。　　〈馬券を買います。〉

★　Nǐ　xiǎng　mǎi　jǐ　hào?
　　你　想　买　几　号?　　〈何番を買いたいですか?〉

★　Wǒ　mǎi　wǔ　hào.
　　我　买　五　号。　　〈5番を買います。〉

★　Wèishénme?
　　为什么?　　〈どうしてですか?〉

★　Jīntiān　shì wǔ　yuè　wǔ　hào.
　　今天　是　五　月　五　号。　　〈今日は五月五日です。〉

2. 声調と漢字

★　ˇ　ˇ　ˇ　ˋ.
　　我　买　马　票。　　〈馬券を買います。〉

★　ˇ　ˇ　ˇ　ˇ　ˋ?
　　你　想　买　几　号?　　〈何番を買いたいですか?〉

★　ˇ　ˇ　ˇ　ˋ.
　　我　买　五　号。　　〈5番を買います。〉

★　ˋ　ˋ　˚?
　　为什么?　　〈どうしてですか?〉

★ ― ― ヽ ∨ ヽ ∨ ヽ.
今天 是 五 月 五 号。　　　　〈今日は五月五日です。〉

3. 漢字

★ 我 买 马 票。　　　　〈馬券を買います。〉

★ 你 想 买 几 号?　　　〈何番を買いたいですか?〉

★ 我 买 五 号。　　　　〈5番を買います。〉

★ 为什么?　　　　　　　〈どうしてですか?〉

★ 今天 是 五 月 五 号。　〈今日は五月五日です。〉

～小道小花～

身につけたい！ 拳法 一招拳术

气功	qìgōng	気功
太极拳	tàijíquán	太極拳
少林拳	shàolínquán	少林拳法
剑术	jiànshù	剣術
柔道	róudào	柔道
空手道	kōngshǒudào	空手
跆拳道	táiquándào	テコンド

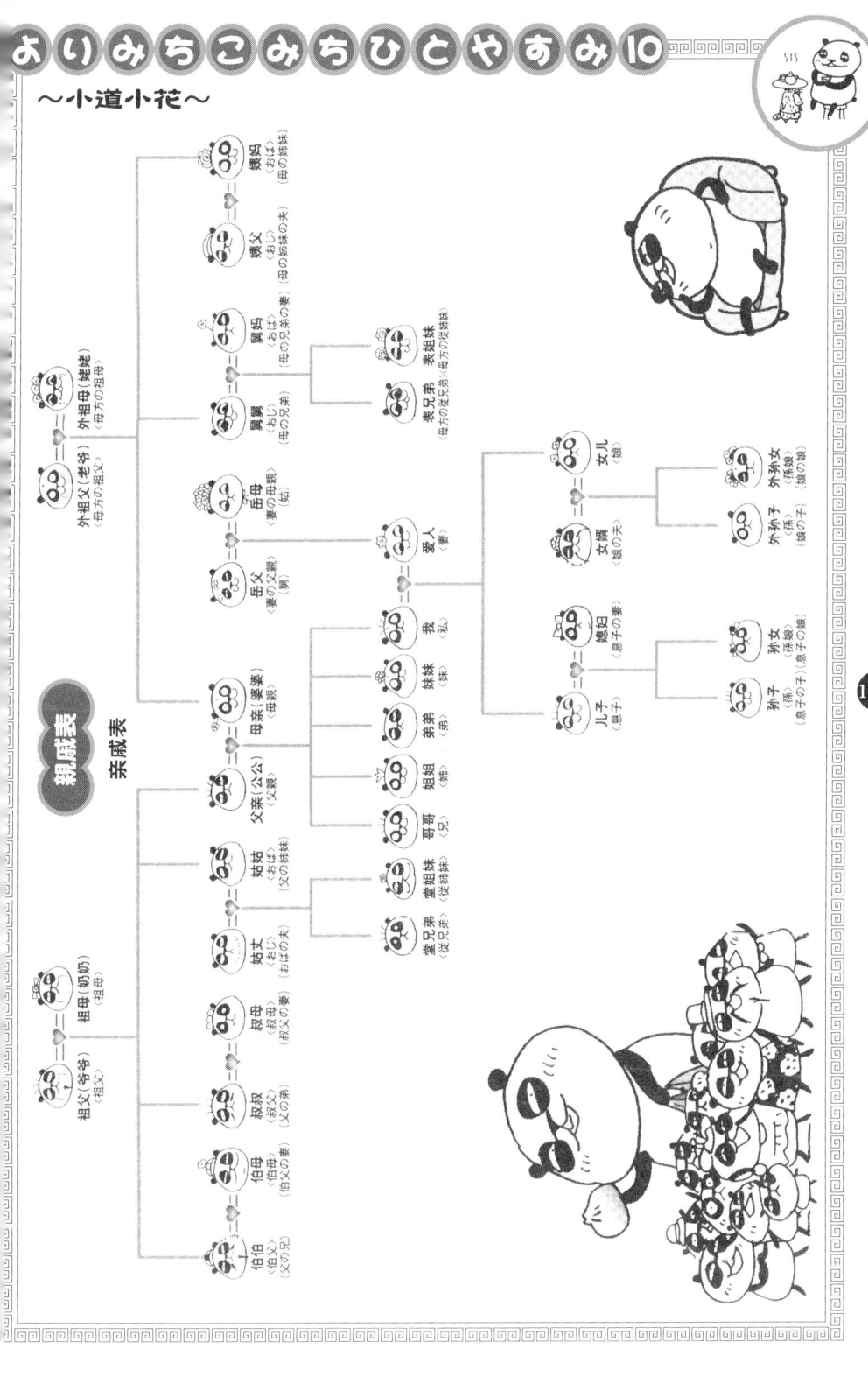

よりみちこみちひとやすみ10
～小道小花～

親戚表 / 亲戚表

- 外祖父（老爷）〈母方の祖父〉
- 外祖母（姥姥）〈母方の祖母〉
  - 姨妈〈おば〉〈母の姉妹〉
  - 姨父〈おじ〉〈母の姉妹の夫〉
  - 舅妈〈おば〉〈母の兄弟の妻〉
  - 舅舅〈おじ〉〈母の兄弟〉
    - 表兄弟・表姐妹〈母方の従兄弟・母方の従姉妹〉
  - 岳母〈妻の母親〉〈姑〉
  - 岳父〈妻の父親〉〈舅〉
    - 爱人〈妻〉
      - 女儿〈娘〉
        - 外孙女〈孙女〉〈娘の娘〉
        - 女婿〈娘の夫〉
        - 外孙子〈孙〉〈娘の子〉
      - 我〈私〉
      - 妹妹〈妹〉
      - 弟弟〈弟〉
      - 姐姐〈姉〉
      - 哥哥〈兄〉
        - 儿媳妇〈息子の妻〉
        - 孙女〈息子の娘〉
        - 儿子〈息子〉
        - 孙子〈孙〉〈息子の子〉
  - 母亲（婆婆）〈母親〉
  - 父亲（公公）〈父親〉
  - 姑姑〈おば〉〈父の姉妹〉
  - 姑父〈おじ〉〈おばの夫〉
    - 堂姐妹〈従姉妹〉
    - 堂兄弟〈従兄弟〉
- 祖父（爷爷）〈祖父〉
- 祖母（奶奶）〈祖母〉
  - 叔母〈叔父の妻〉
  - 叔叔〈叔父〉〈父の弟〉
  - 伯母〈伯父の妻〉
  - 伯伯〈伯父〉〈父の兄〉

L14 你们在哪里?
〈どこ行っちゃったの？〉 [CD Track 58]

1
Nǐ zěnme tiàoguolai, tiàoguoqu?
你 怎么 跳过来，跳过去？

2
Wǒ zài liàn qīnggōng ne!
我 在 练 轻功 呢！
Nǐ huì ma?
你 会 吗？
Wǒ bú huì.
我 不 会。

3
Búguò wǒ yǐqián xuéguo qìgōng.
不过 我 以前 学过 气功。

4
Wǒ huì shuǐgōng.
我 会 水功。

5
Nà zhǐ búguò shì fúzài shuǐshang éryǐ.
那 只 不过 是 浮在 水上 而已。

6
Ài!
唉！

7
(咕嘟 咕嘟。)

8
Yí? Tāmen ne?
咦？他们 呢？

日本語訳

1. 🙂 あんたなんで飛びまわってるの？
2. 😄 いま軽功の練習してるのさ！キミはできる？
2. 🙂 できない。
3. 🙂 だけどあたし前に気功習ったことあるのよ。
4. 🙂 ボクは水功ができるんだぞ。
5. 🙂 それってただ水に浮かんでるだけじゃん。
6. 😄 えいっ！
8. 🙂 あれ？あいつらは？

生词 (単語)

你	nǐ	(代) あなた・君
怎么	zěnme	(代) どうして・なぜ (原因などをたずねる)
跳	tiào	(動) 跳ぶ・跳びあがる・跳ねる
过	guo(guò)	(動) 越える (方向補語として一方から一方へ移動)
来	lai(lái)	(動) …来る (方向補語として話し手に近づく方向の動作)
跳过来	tiàoguolai	(組句) 跳び越えて行く
去	qu(qù)	(動) …行く (方向補語として話し手に遠ざかる方向の動作)
跳过去	tiàoguoqu	(組句) 跳び越えて行く
我	wǒ	(代) わたし
在	zài	(副) …している
练	liàn	(動) 鍛錬する・練習する
轻功	qīnggōng	(名) 軽功 (中国伝統的な健康法で鍛錬により体が軽くなる)
呢	ne	(助) (文末におき進行を表す (在…呢)) …している
会	huì	(動) できる (学習により習得した技能)
吗	ma	(助) …か？(疑問の語気)
不过	búguò	(接) (文の前におく) しかし・だが・ただ
以前	yǐqián	(名) 以前
学	xué	(動) 学ぶ・学習する
过	guo	(助) …したことがある (動作などの経験)
气功	qìgōng	(名) 気功 (中国伝統的な呼吸健康法)
水功	shuǐgōng	(名) 水功 (本書が創った冗談の言葉で水面に浮く技・武芸)
那	nà	(代) それ・あれ・その・あの
只	zhǐ	(副) ただ…だけ
不过	búguò	(副) …にすぎない (よく只と一緒に使って強調する)
只不过	zhǐbúguò	(副) ただ…にすぎない
是	shì	(動) …は…である
浮	fú	(動) 浮く
在	zài	(前) …している
水	shuǐ	(名) 水
上	shang	(名) (方) (物体の表面上・頂点) …の上
而已	éryǐ	(助) (文末におき) …にすぎない
唉	ài	(感嘆) えい (気合い・力を入れるときの声)
咦	yí	(感嘆) えい・あれ (訳がわからないときの声)
他们	tāmen	(代) 彼ら
呢	ne	(助) …は？(確認の語気)

招牌・标示 (看板・標示)

工地	gōngdì	工事・工事現場
池塘	chítáng	池

拟声・拟态词 (擬声・擬態語)

嗵	tōng	ぴょん
浮	fú	ぷか
噗咚	pūdōng	どんっ
咕嘟咕嘟	gūdūgūdū	ぶくぶく
扑通	pūtōng	どぼん

学習重点

● いろいろな軽声

いろいろな軽声

1.「过」の声調3種

「过」は動詞や動詞補語などの相をもっています。それによって (guò) (guo) (guò あるいは guo) 3種の声調ができます。

1 「过」(guò) ちゃんと第四声を発音

1-1 「过」(guò)［動詞］渡る・通過・通る・移る・過ぎる。時間・場所などの移動

Guò rénxíngtiānqiáo.
过 人行天桥。　〈歩道橋を渡ります。〉

Guò wǔfàn shíjiān le.
过 午饭 时间 了。　〈昼飯の時間が過ぎました。〉

Guò qī le.
过 期 了。　〈期限が過ぎました。〉

Guò duō.
过 多。　〈多過ぎます。〉

1-2 「不过」(búguò)［副詞］　ただ…だけ。ただ…にすぎない。

Bié jièyi, nà zhǐ búguò shì ge xiǎo wùhuì.
别 介意, 那 只 不过 是 个 小 误会。
　　　　　　　　　　　〈気にしないで、あれはただの誤解です。〉

Zhè zhǐ búguò shì ge kāishǐ éryǐ.
这 只 不过 是 个 开始 而已。〈これはただの始まりにすぎません。〉

1-3 「不过」(búguò) [接続詞] …が、しかし、けれど

Tā gèzi xiǎo, búguò pǎo de hěn kuài.
他 个子 小，不过 跑 得 很 快。 〈彼は背が低いけれど、走るのが（とても）速いです。〉

Málà huǒguō hěn là, búguò hěn hǎochī.
麻辣 火锅 很 辣，不过 很 好吃。 〈麻辣火鍋は（とても）辛いけれど、（とても）おいしいです。〉

2 「过」(guo)方向補語と経験を表す場合は、軽声で発音

2-1 方向補語（動詞＋方向補語）

Dàiguolai.
带过来。 〈持って来ます。〉

Zǒuguolai zǒuguoqu.
走过来 走过去。 〈行ったり来たりします。〉

2-2 経験 …したことがある。

Líguo hūn.
离过 婚。 〈離婚したことがあります。〉

Quguo Chángjiāng Sānxiá.
去过 长江 三峡。 〈長江三峡に行ったことがあります。〉

Chīguo Běijīng kǎoyā.
吃过 北京 烤鸭。 〈北京ダックを食べたことがあります。〉

3 「过」(guòあるいはguo)動作の完了・終了の場合は、軽声あるいは第四声で発音

強調したいときには第四声で発音します。

3-1 動作の完了・終了

Xǐguò(guo)　zǎo　le.
洗过　　澡　了。　〈お風呂に入りました。〉

Chīguò(guo)　yào　le.
吃过　　药　了。　〈薬を飲みました。〉

Shāngliàngguò(guo)　　le.
商量过　　　　了。　〈相談しました。〉

[CD Track 59]

発音チャレンジ ～「过」の声調の発音練習

「过」の声調3種

1-1　Qǐng　xiǎoxīn　guò　mǎlù.
　　请　小心　过　马路。
　　〈気をつけて、道路を渡ってください。〉

1-2　Zhè zhǐ　búguò　shì　ge　yáoyán.
　　这 只　不过　是　个　谣言。
　　〈これはただの流言です。〉

1-3　Tā　zhǐ　xué　yìnián　Rìyǔ,　búguò　shuō　de　hěn　hǎo.
　　他　只　学　一年　日语，不过　说　得　很　好。
　　〈彼はただ1年間日本語を勉強しただけですが、とても上手です。〉

2-1　Qǐng　bǎ　zīliào　náguolai.
　　请　把　资料　拿过来。
　　〈資料を持ってきてください。〉

2-2　Nǐ　hēguo　Shàoxīngjiǔ　ma?
　　你　喝过　绍兴酒　吗？
　　〈紹興酒を飲んだことがありますか？〉

3-1　Nǐ　chīguò(guo)　wǎnfàn　le　ma?
　　你　吃过　晚饭　了　吗？
　　〈晩ご飯を食べましたか？〉

2.「地方」の声調2種

1-1 「地方」(dìfang) [名詞]　場所・所・部分

Zhè shì shénme dìfang?
这 是 什么 地方？
〈ここはどんな場所ですか？〉

Quēdiǎn de dìfang yào gǎi.
缺点 的 地方 要 改。
〈欠点は直さなければなりません。〉

1-2 「地方」(dìfāng) [名詞]　地方・地元・当地

Dìfāng xuǎnjǔ sān nián yí cì.
地方 选举 三 年 一 次。
〈地方選挙は3年に1度です。〉

Wǒ duì Táiwān de dìfāng mínsú hěn yǒu xìngqù.
我 对 台湾 的 地方 民俗 很 有 兴趣。
〈わたしは台湾の地方民俗にとても興味を持っています。〉

[CD Track 60]

発音チャレンジ　〜「地方」の声調の発音練習

「地方」の声調2種

1-1
Fángjiān tài xiǎo, méi dìfang fàng chuáng.
房间 太 小， 没 地方 放 床。
〈部屋が小さすぎて、ベッドを置く場所がありません。〉

1-2
Zhòngshì dìfāng gōngyè de fāzhǎn.
重视 地方工业 的 发展。
〈地方工業の発展を重視します。〉

3.「別人」の声調 2 種

1-1 「別人」(biéyi) [名詞]　他人

Bié jièyì biéren shuō de huà.
别 介意 别人 说 的 话。
〈他人のいうことは気にするな。〉

Xiànzài bú shì biéren gānshè de shíhou.
现在 不 是 别人 干涉 的 时候。
〈今は他人の出る幕ではありません。〉

1-2 「別人」(biérén) [名詞]　ほかの人

Xiànzài méiyǒu biérén zài.
现在 没有 别人 在。
〈今はほかの人がいません。〉

Bàituō biérén zuò.
拜拖 别人 做。
〈ほかの人に頼んでください。〉

[CD Track 61]

発音チャレンジ　〜「別人」の声調の発音練習

「別人」の声調 2 種

1-1　Bié jièyì biéren de fěibàng.
別 介意 别人 的 诽谤。
〈他人の中傷を気にするな。〉

1-2　Zhèli méiyǒu biérén, nǐ kěyǐ xiē yíxià.
这里 没有 别人, 你 可以 歇 一下。
〈ここにはほかの人がいない、ちょっと休んでもいいです。〉

よりみちこみちひとやすみ 11

～小道小花～

ここはどこ？ 世界の国と都市　这是哪儿？世界各国和首都

北米

| 美国 | Měiguó | アメリカ | 华盛顿 | Huáshèngdùn | ワシントン |
| 加拿大 | Jiānádà | カナダ | 渥太华 | Wòtàihuá | オタワ |

ヨーロッパ

法国	Fǎguó	フランス	巴黎	Bālí	パリ
德国	Déguó	ドイツ	柏林	Bólín	ベルリン
英国	Yīngguó	イギリス	伦敦	Lúndūn	ロンドン
意大利	Yìdàlì	イタリア	罗马	Luómǎ	ローマ
瑞士	Ruìshì	スイス	伯尔尼	Bó'ěrní	ベルン
西班牙	Xībānyá	スペイン	马德里	Mǎdélǐ	マドリード
葡萄牙	Pútáoyá	ポルトガル	里斯本	Lǐsīběn	リスボン

アジア

日本	Rìběn	日本	东京	Dōngjīng	東京
台湾	Táiwān	台湾	台北	Táiběi	台北
韩国	Hánguó	韓国	汉城	Hànchéng	ソウル
中国	Zhōngguó	中国	北京	Běijīng	北京
蒙古	Měnggǔ	モンゴル	乌兰巴托	Wūlánbātuō	ウランバートル
马来西亚	Mǎláixīyà	マレーシア	吉隆坡	Jílóngpō	クアラルンプール
新加坡	Xīnjiāpō	シンガポール	新加坡	Xīnjiāpō	シンガポール
菲律宾	Fēilǜbīn	フィリピン	马尼拉	Mǎnílā	マニラ
泰国	Tàiguó	タイ	曼谷	Màngǔ	バンコク
越南	Yuènán	ベトナム	河内	Hénèi	ハノイ
印度	Yìndù	インド	新德里	Xīndélǐ	ニューデリー
伊朗	Yīlǎng	イラン	德黑兰	Déhēilán	テヘラン
伊拉克	Yīlākè	イラク	巴格达	Bāgédá	バグダッド
阿富汗	Āfùhàn	アフガニスタン	喀布尔	Kābù'ěr	カブール

アフリカ

| 埃及 | Āijí | エジプト | 开罗 | Kāiluó | エジプト |
| 肯尼亚 | Kěnníyà | ケニア | 内罗毕 | Nèiluóbì | ナイロビ |

太平洋諸島

| 澳大利亚 | Àodàlìyà | オーストラリア | 堪培拉 | Kānpéilā | キャンベラ |
| 关岛 | Guāndǎo | グァム | 阿加尼亚 | Ājiāníyà | アガニヤ |

L15 我的嘴巴肿了
〈ボクのくちびる腫れちゃった〉

[CD Track 62]

1
Nǐ qù nǎr le ne?
你 去 哪儿 了 呢？

Wǒ dùzi hǎo è a!
我 肚子 好 饿 啊！

2
Nǐmen cāi zhè shì shénme?
你们 猜 这 是 什么？

3
Ńg~ xiǎoxiǎode、rèrède、báibáide…
嗯~ 小小的、热热的、白白的…

4
Wā~ shì rèhūhū de xiǎolóngbāo!!
哇~ 是 热乎乎 的 小笼包！！

5
Bié jí! Mànmānr chī.
别 急！ 慢慢儿 吃。

A!
啊！

6
Mànmān…
慢慢…

日本語訳

1 ねぇ、どこ行ってたの？
1 ボク、お腹ペコペコだよ！
2 これなぁ〜んだ？　当ててみて。
3 う〜ん、小さくてあったかくて白いや…
4 わあ〜っ、あっつあつの小籠包だぁ！！
5 あわてないで！　ゆっくり食べなって。
5 あっちっちっ！
5 あ！
6 ゆっくり…
6 ぜ〜んぶ食べちゃった…

生词（単語）

你	nǐ	（代）あなた・君
去	qù	（動）行く
哪儿	nǎr	（代）どこ
了	le	（助）…た（動作や行為などの完了と変化）
呢	ne	（助）…の（か？）（確認の語気）
我	wǒ	（代）わたし
肚子	dùzi	（名）腹
好	hǎo	（副）とても・ずいぶん
饿	è	（形）（腹が）減る・すく
啊	a	（助）…よ（軽い肯定）
你们	nǐmen	（代）あなたたち
猜	cāi	（動）推量する・推測する
这	zhè	（代）これ・この
是	shì	（動）…は…である
什么	shénme	（代）何
嗯	Ńg	（感嘆）（推量を表す）
小	xiǎo	（形）小さい
的	de	（助）…の（もの）（形容詞の後ろにおき、その物事を強調する）
小小的	xiǎoxiǎode	（形）ちょっと小さく
热	rè	（形）熱い
热热的	rèrède	（形）ちょっと熱い
白	bái	（形）白い
白白的	báibáide	（形）ちょっと白い
哇	wā	（感嘆）驚いた（感動を表す）
热	rè	（形）熱い
热乎乎	rèhūhū	（形）ほかほかしている・温かい
小笼包	xiǎolóngbāo	（名）小籠包（肉汁が入っている小さい肉まんじゅう）
别	bié	（副）（禁止を表す）…するな
急	jí	（動）焦る
别急	biéjí	（組句）焦るな・落ち着け
慢	màn	（形）（スピード・速度が）遅い
慢慢儿	mànmānr	（形）ゆっくりと
吃	chī	（動）食べる
烫	tàng	（形）熱い
啊	a	（助）（文末におき、びっくり・意外を表す感嘆の語気）
啊	a	（感嘆）（文頭におき、驚き・意外・肯定を表す感嘆の語気）
都	dōu	（副）みな・すべて・全部
完	wán	（動）（結果補語として）…し終わる・…し終えた
吃完了	chīwánle	（組句）食べ終わった

拟声・拟态词（擬声・擬態語）

呼呼	hūhū	はふはふ
火辣辣	huǒlàlà	ヒリヒリヒリ

学習重点

● 形容詞の連続の発音

形容詞の連続の発音方法

1-1 「A 形容詞」+「A 形容詞」

同じ形容詞の音節が続く場合は、2番目の声調が1番目と同様です。

例

形容詞	ピンイン	意味	形容詞＋形容詞	本来のピンイン	ピンイン表記と発音	意味
快	kuài	速い	快快	kuàikuài	kuàikuài	素速い
白	bái	白い	白白	báibái	báibái	真っ白い

1-2 「A 形容詞」+「A 形容詞」+「儿」

同じ形容詞の音節が続いて更に後ろに「儿」がつく場合は、2番目の形容詞の声調が「第一声」に変わります。品詞は形容詞から副詞に変わります。

例

形容詞	ピンイン	意味	形容詞＋形容詞＋「儿」	本来のピンイン	ピンイン表記と発音	意味
慢	màn	遅い	慢慢儿	mànmànr	mànmānr	ゆっくりと
小	xiǎo	小さい	小小儿	xiǎoxiǎor	xiǎoxiāor	ちっちゃな
好	hǎo	よい	好好儿	hǎohǎor	hǎohāor	ちゃんとした
白	bái	白い	白白儿	báibáir	báibāir	真っ白に

1-3 「A 形容詞」+「A 形容詞」+「的」あるいは「地」

「形容詞」+「形容詞」+「的」の2つの形容詞の音節は同じ声調ですが、品詞は性質形容詞*から状態形容詞*に変わります。しかし、「形容詞」+「形容詞」+「地」の場合は形容詞から副詞に変わります。2番目の形容詞の声調が「第一声」に変わります。

例

形容詞	ピンイン	意味	形容詞+形容詞+「的」	ピンイン表記と発音	意味
热	rè	熱い	热热的	rèrède	ちょっと熱く
苦	kǔ	苦い	苦苦的	kǔkǔde	ちょっと苦く
小	xiǎo	小さい	小小的	xiǎoxiǎode	ちょっと小さく

例

包子 热热的。Bāozi rèrède.　〈まんじゅうがちょっと熱い。〉
苦瓜 吃起来 苦苦的。Kǔguā chīqilai kǔkǔde.　〈にが瓜を食べるとちょっと苦い。〉
小小的 贝壳。Xiǎoxiǎode bèiké.　〈小さな貝殻。〉

例

形容詞	ピンイン	意味	形容詞+形容詞+「地」	本来のピンイン	ピンイン表記と発音	意味
好	hǎo	よい	好好地	hǎohǎode	hǎohāode	しっかりと
慢	màn	遅い	慢慢地	mànmànde	mànmānde	ゆっくりと

例

好好地 反省 一下。Hǎohāode fǎnxǐng yíxià.　〈しっかり反省したまえ。〉
别 急！请 慢慢地 说。Bié jí! Qǐng mànmānde shuō.
〈慌てるな！ゆっくり話してください。〉

＊性質形容詞と状態形容詞

性質形容詞は物や事などの性質をそのまま表します。
例えば、热包子。(熱いまんじゅう。)の「热」(熱)は性質形容詞です。「物」自体が熱く、客観的にその物や事などのそれ自体を表しています。
一方、状態形容詞は物や事などの周辺の雰囲気、生々しい状態を表しています。「物」自体の性質を認めて、その具体的な状態を表現します。

例えば、热乎乎的馒头。（ほかほかマントー。）饭盒儿热热的。（ちょっと熱い弁当。）「热乎乎」（形容詞＋擬態語の重ね型）と「热热的」（単音節形容詞の重ね型＋的）は状態形容詞です。

同じ2つの単音節形容詞（例えば、热）を重ねると「少し、ちょっと」の意味が加わります。

1-4 「A 形容詞」＋「B」「B」

例

形容詞	ピンイン	意味	形容詞＋「B」「B」	ピンイン表記と発音	意味
热	rè	熱い	热乎乎	rèhūhū	ほかほかの
乌	wū	黒色	乌溜溜	wūliūliū	黒くてつややかなさま
黑	hēi	黒い	黑洞洞	hēidōngdōng	真っ暗な
静	jìng	静かな	静悄悄	jìngqiāoqiāo	ひっそりと
干	gān	乾いた	干巴巴	gānbābā	かさかさの

1-5 「AA 形容詞」＋「BB 形容詞」

例

形容詞	ピンイン	意味	「AA 形容詞」＋「BB 形容詞」	本来のピンイン	ピンイン表記と発音	意味
高兴	gāoxìng	嬉しい	高高兴兴	gāogāoxìngxìng	gāogāoxìngxìng	嬉しそうな
甜蜜	tiánmì	甘ったるい	甜甜蜜蜜	tiántiánmìmì	tiántiánmìmì	ねっとり甘い
冷冰冰	lěngbīngbīng	冷ややかな	冷冷冰冰	lěnglěngbīngbīng	lěnglěngbīngbīng	水のように冷たい

[CD Track 63]

発音チャレンジ　～形容詞の連続の発音練習

「A 形容詞」＋「A 形容詞」＋「的」

① 酸酸的　suānsuānde　〈ちょっと酸っぱい〉　② 甜甜的　tiántiánde　〈ちょっと甘い〉
③ 红红的　hónghóngde　〈ちょっと赤い〉　④ 黑黑的　hēihēide　〈ちょっと黒い〉
⑤ 短短的　duǎnduǎnde　〈ちょっと短い〉　⑥ 硬硬的　yìngyìngde　〈ちょっと硬い〉
⑦ 软软的　ruǎnruǎnde　〈ちょっと柔らかい〉　⑧ 脆脆的　cuìcuìde　〈ちょっと脆い〉

「A 形容詞」＋「B」「B」

① 胖嘟嘟　pàngdūdū　〈太って肉の垂れているさま〉　② 酸溜溜　suānliūliū　〈酸っぱい〉
③ 甜蜜蜜　tiánmìmì　〈甘ったるいさま〉　④ 硬梆梆　yìngbāngbāng　〈頑丈なさま〉
⑤ 硬崩崩　yìngbēngbēng　〈がっちりしたさま〉　⑥ 软绵绵　ruǎnmiānmiān
　　〈ふんわりと柔らかいさま〉

「AA 形容詞」＋「BB 形容詞」

① 欢欢喜喜　huānhuānxǐxǐ　〈楽しく嬉しそう〉　② 干干静静　gāngānjìngjìng　〈綺麗さっぱり〉
③ 酸酸辣辣　suānsuānlàlà　〈酸っぱくて辛い〉　④ 冰冰凉凉　bīngbīngliángliáng
　　〈冷たくて涼しい〉

L16 我不喜欢算命
〈占いなんか大キライ〉 [CD Track 64]

1. Xiǎoxīn tiányánmìyǔ.
小心 甜言蜜语。

2. Hǎo zhǔn a!
好 准 啊！

3. Wǒ yě xiǎng suànsuan!
我 也 想 算算！

4. Xiǎoxīn tián de dōngxi.
小心 甜 的 东西。

Zhēn zhǔn a!
真 准 啊！

5. Ràng wǒ kànkan nǐ de shǒuxiàng.
让 我 看看 你 的 手相。

6. Nǐ méiyǒu… yě méiyǒu…
你 没有… 也 没有…

7. Xīwàng bù zhǔn!
希望 不 准！

日本語訳

1 **算命老娘**〈易者〉 甘い言葉に気をつけるんだよ。
2 当たってるぅ！
3 ボクも占ってよ！
4 **算命老娘**〈易者〉 甘い物に気をつけるんだよ。
4 当たってるぅ！
5 **算命老娘**〈易者〉 あんたの手相も見てあげるよ。
6 **算命老娘**〈易者〉 …ない…もない…
6 なにがないの…？
7 **算命老娘**〈易者〉 結婚運　離婚運
7 当たってなーい！（小迷迷の気持ち）

生词（単語）

小心	xiǎoxīn	（動）	気をつける・注意する
甜言蜜语	tiányánmìyǔ	（名）	甘い言葉（成語）
好	hǎo	（副）	とても・ずいぶん
准	zhǔn	（形）	確かな・正確である
好准	hǎozhǔn	（組句）	よく当たる
啊	a	（助）	（文末におき、びっくり・意外を表す感嘆の語気）
我	wǒ	（代）	わたし
也	yě	（副）	…も
想	xiǎng	（能動）	…したい・するつもり
算	suàn	（動）	（運命・運勢を）占う
算算	suànsuan	（動）	占ってみる
甜	tián	（形）	甘い
的	de	（助）	…の（物）（形容詞の後ろにおき、その物事を修飾する）
东西	dōngxi	（名）	物
真	zhēn	（副）	とても・本当に
让	ràng	（動）	…させる
看	kàn	（動）	見る
看看	kànkan	（動）	ちょっと見る
你	nǐ	（代）	あなた・君
的	de	（助）	…の
手相	shǒuxiàng	（名）	手相（占い）
没有	méiyǒu	（動）	（存在や所有）…ない・…していない
什么	shénme	（代）	何
希望	xīwàng	（動）	願う・希望する
不	bù	（副）	…ない（否定詞）

招牌・标示（看板・標示）

手相	shǒuxiàng	手相
算命	suànmìng	占い
结婚运	jiéhūnyùn	結婚運
离婚运	líhūnyùn	離婚運

拟声・拟态词（擬声・擬態語）

气呼呼	qìhūhū	ぷんぷん

学習重点

● 動詞の連続の発音

動詞の連続の発音方法

1-1 「A 動詞」+「A 動詞」

同じ2つの動詞音節が続く場合は、2番目の声調が「軽声」に変わります。

例

動詞	ピンイン	意味	動詞＋動詞	本来のピンイン	ピンイン表記と発音	意味
来	lái	来る	来来	láilái	láilai	おいでなさい
试	shì	試す	试试	shìshì	shìshi	試してみる
散心	sànxīn	気晴らしをする	散散心	sànsànxīn	sànsanxīn	ちょっと気晴らしをする

1-2 「AA 動詞」+「BB 動詞」

同じAA動詞と同じBB動詞の音節が続く場合は、AA動詞の2番目の声調は「軽声」になることもあるし、ならないこともあります。

例

動詞	ピンイン	意味	AA 動詞＋BB 動詞	本来のピンイン	ピンイン表記と発音	意味
来去	láiqù	来ると行く	来来去去	láiláiqùqù	láilaiqùqù	行ったり来たりする
吵闹	chǎonào	喧しい	吵吵闹闹	chǎochǎonàonào	chǎochaonàonao	やかましく騒いだりする
说笑	shuōxiào	談笑する	说说笑笑	shuōshuōxiàoxiào	shuōshuoxiàoxiao	話したり笑ったりする

1-3 「AB動詞」+「AB動詞」

同じ2つのAB動詞が続いている場合は、前のAB動詞のB動詞の声調は「軽声」になります。

例

動詞	ピンイン	意味	AB動詞 +AB動詞	本来のピンイン	ピンイン表記と発音	意味
研究	yánjiū	研究する・検討する	研究研究	yánjiūyánjiū	yánjiuyánjiū	ちょっと検討する
休息	xiūxi	休憩・休む	休息休息	xiūxixiūxi	xiūxixiūxi	ちょっと休憩する

[CD Track 65]

発音チャレンジ ～動詞の連続の発音練習

「A動詞」+「A動詞」

① 看看 kànkan 〈見てみる〉　② 想想 xiǎngxiang 〈考えてみる〉
③ 散散步 sànsanbù 〈ちょっと散歩する〉

「AA動詞」+「BB動詞」

① 来来往往 láilaiwǎngwǎng 〈(多くの人が)往来する〉　② 打打闹闹 dǎdanàonào 〈ふざけて殴り合う〉
③ 吃吃喝喝 chīchihēhē 〈食べたり飲んだりする〉

「AB動詞」+「AB動詞」

① 考虑考虑 kǎolükǎolü 〈考慮する・考える〉 ② 尝试尝试 chángshichángshì 〈試す・試みる〉

L17 我上圆嘟嘟的当了
〈圆嘟嘟にだまされちゃった〉 [CD Track 66]

1 Wǒ qí zìxíngchē qù yínháng yíxià, hǎo ma?
我 骑 自行车 去 银行 一下，好 吗？

2 Hǎo. Nà wǒmen zài kètīng kàn diànshì.
好。那 我们 在 客厅 看 电视。

3 Hǎo.
好。
Nǐmen kān jiā.
你们 看 家。

4 Gébì de biànlìshāngdiàn yě kěyǐ lǐngqián.
隔壁 的 便利商店 也 可以 领钱。

5 Zhēnde ma?
真的 吗？

6 Chī de dōngxi yě hěn piányi yo.
吃 的 东西 也 很 便宜 哟。

7 Nǐ zhēn hàochī.
你 真 好吃。
Ā! Zhēn hǎochī.
啊！真 好吃。

日本語訳

1. 🐼 自転車でちょっと銀行に行ってくるね。いい？
2. 🐨 いいよ。じゃあボクたちは応接間でテレビ見てるよ。
3. 🐼 じゃあ、あんたたち留守番しててね。
4. 🐨 となりのコンビニでもお金おろせるよ。
5. 🐼 ホント？
6. 🐨 食べる物だって安いよ。
7. 🐼 あんたホントに食べるのが好きね。
7. 🐨 あー！　うんめえ～っ。

生词（単語）

我	wǒ	(代)	わたし
骑	qí	(動)	(自転車・バイクに) 乗る
自行车	zìxíngchē	(名)	自転車
去	qù	(動)	行く
银行	yínháng	(名)	銀行
一	yí	(数)	1
下	xià	(量)	回 (動作の回数)
一下	yíxià	(組句)	ちょっと (動詞の後ろにおき短い時間を表す)
好	hǎo	(形)	いい・よい
吗	ma	(助)	…か？(疑問の語気)
那	nà	(接)	それなら・それでは
我们	wǒmen	(代)	わたしたち
在	zài	(前)	…で・…に (場所や時間などを示す)
客厅	kètīng	(名)	客間・応接室
看	kàn	(動)	見る
电视	diànshì	(名)	テレビ
你们	nǐmen	(代)	あなたたち
看家	kānjiā	(動)	留守番をする
隔壁	gébì	(名)	近所
的	de	(助)	…の
便利商店	biànlìshāngdiàn	(名)	コンビニエンスストア (別名：方便商店 fāngbiànshāngdiàn)
也	yě	(副)	…も
可以	kěyǐ	(能動)	…できる・可能である
领	lǐng	(動)	受け取る・引き出す
钱	qián	(名)	かね・金銭・貨幣
领钱	lǐngqián	(組句)	お金を引き出す
真的	zhēnde	(副)	本当に
吃	chī	(動)	食べる
的	de	(助)	(動詞の後ろにおき、すでに発生した動作の結果、方法などを強調する)…の(物)
东西	dōngxi	(名)	物
很	hěn	(副)	とても・非常に
便宜	piányi	(形)	(値段が) 安い
哟	yo	(助)	…よ…ね…わ
你	nǐ	(代)	あなた・君
真	zhēn	(副)	とても・本当に
好	hào	(動)	好む・好きである
好吃	hàochī	(組句)	食べるのが好きである
啊	a	(感嘆)	(文頭におき、驚き、意外・肯定を表す感嘆の語気)
好吃	hǎochī	(形)	おいしい

招牌・标示（看板・標示）

便利商店　biànlìshāngdiàn　　コンビニエンスストア

拟声・拟态词（擬声・擬態語）

咕噜咕噜　gūlūgūlū　　ごろごろ

学習重点

● 破読（破读・破音）と破読字（破读字・破音字）

破読（破读・破音）と破読字（破读字・破音字）

　中国語は基本的に1つの漢字に1つの音節しかありません。日本語の漢字のような訓読みと音読みはありませんが、品詞・使い方・意味などを区別するために1つの漢字が2つ以上の音節あるいは声調をもっている場合があります。本来の声調・音節を変えて、別の声調・音節にしたことを破読（破读・破音）と呼んでいますが、その変化した声調・音節の漢字を破読字（破读字・破音字）と呼んでいます。

[CD Track 67]

1 破読　例その1：得

例
① 得 de　〔助詞・程度補語〕　能力など程度を表す構造助詞
② 得 dé　〔動詞〕　得る・獲得する・入手する
③ 得 děi　〔能願動詞（助動詞）〕　…しなければならない

1-1 得 de

Xiǎomí wǎngqiú dǎ de hěn hǎo.
小迷　网球　打　得　很　好。　〈小迷さんはテニスがとても上手です。〉

Rìběn shàngbānzú zǒulù zǒu de hěn kuài.
日本　上班族　走路　走　得　很　快。　〈日本のサラリーマンは歩くのが速いです。〉

1-2 得 dé

Rénshēng bú yào tài jìjiào déshī.
人生　不　要　太　计较　得失。　〈人生あまり損得を念頭におかないほうがいい。〉

Tā zài Àoyùnhuì huòdé le jīnpái.
他 在 奥运会 获得 了 金牌。 〈彼はオリンピック大会で金メダルを獲得しました。〉

1-3 得 děi

Tài wǎn le wǒ děi huíqu le.
太 晚 了 我 得 回去 了。 〈遅いから帰らなければなりません。〉

Jīntiān wǒ děi xiěwán zhè ge yuángǎo.
今天 我 得 写完 这 个 原稿。 〈今日、わたしはこの原稿を書き上げなければなりません。〉

[CD Track 60]

2 破読 例その2：乐

例　① 乐 lè　〔形容詞〕　楽しい・嬉しい・愉快な
　　② 乐 yuè　〔名詞〕　音楽・楽器

2-1 乐 lè

Kuàilè rénshēng.
快乐 人生。 〈楽しい人生。〉

Tā zhòng le cǎipiào, suǒyǐ lè de shuìbuzháo jiào.
他 中 了 彩票，所以 乐 得 睡不着 觉。 〈彼は宝くじに当たったので嬉しくて眠れません。〉

2-2 乐 yuè

Wǒ xǐhuan tīng yīnyuè.
我 喜欢 听 音乐。 〈わたしは音楽を聴くのが好きです。〉

Zhè shǒu qǔzi méiyǒu yuèpǔ yě néng tán.
这 首 曲子 没有 乐谱 也 能 弹。 〈この曲は楽譜がなくてもひけます。〉

3 破読 例その3：空

例 ① 空 kōng 〔形容詞〕 空っぽである・中身がない
② 空 kòng 〔動詞〕 空ける・空にする

3-1 空 kōng

Yǒuméiyǒu kōng píngzi?
有没有 空 瓶子？　　〈空っぽの瓶がありますか？〉

3-2 空 kòng

Bǎ fángjiān kòngxialai.
把 房间 空下来。　　〈部屋を空けてください。〉

4 破読 例その4：中

例 ① 中 zhōng 〔名詞〕 中（空間や物質の真ん中）
② 中 zhòng 〔動詞〕 当たる

4-1 中 zhōng

Guìtái zài fàndiàn de zhōngyāng.
柜台 在 饭店 的 中央。　　〈フロントはホテルの中央です。〉

4-2 中 zhòng

Xiàtiān yào zhùyi shíwù zhòngdú.
夏天 要 注意 食物 中毒。　　〈夏には食中毒に注意しなければなりません。〉

5 破読　例その5：还

[CD Track 71]

例　① 还 hái　〔副詞〕　まだ・なおいっそう
　　② 还 huán　〔動詞〕　返す

5-1 还 hái

Liù diǎn yī kè le tā hái méi lái.
6 点 1 刻 了 他 还 没 来。　〈6時15分になったが彼はまだ来ません。〉

5-2 还 huán

Tā dào túshūguǎn huán shū.
他 到 图书馆 还 书。　〈彼は図書館に行って本を返します。〉

6 破読　例その6：行

[CD Track 72]

例　① 行 háng　〔名詞〕　行・列・店
　　② 行 xíng　〔動詞〕　歩く・通行する

6-1 行 háng

Yuángǎo yī háng èrshí ge zì.
原稿 一 行 二十 个 字。　〈原稿は1行20文字です。〉

6-2 行 xíng

Zhè tiáo lù jìnzhǐ qìchē xíngshǐ.
这 条 路 禁止 汽车 行驶。　〈この道路を自動車で通行することは禁止です。〉

[CD Track 73]

7　破読　例その7：长

例　① 长 cháng　〔形容詞〕　長い
　　② 长 zhǎng　〔動詞〕　成長する・伸びる

7-1 长 cháng

Děng le hǎo cháng de shíjiān.
等了好长的时间。　〈長い時間待ちました。〉

7-2 长 zhǎng

Zhè kē shù zhǎng de hěn kuài.
这颗树长得很快。　〈この木は伸びるのが速いです。〉

[CD Track 74]

8　破読　例その8：好

例　① 好 hǎo　〔形容詞〕　いい・よい
　　② 好 hào　〔動詞〕　好む・好きである

8-1 好 hǎo

Zhēn hǎo.
真好。　〈確かにいいです。素晴らしいです。〉

Hǎo chī ma?
好吃吗?　〈(食べ物が)味がいいですか？美味しいですか？〉

8-2 好 hào

Tā hěn hàochī.
他很好吃。　〈彼は食いしん坊です。食べるのを好みます。〉

Táiwān rén hěn hàokè.
台湾人很好客。　〈台湾人は客好きです。〉

[CD Track 75]

9 破読 例その9：了

例　① 了 le　　〔語気助詞〕　　語気助詞は文末に用いて、名詞・疑問代名詞の後ろにおいて、動作や状況などがすでに発生したことを表します。

　　② 了 le　　〔動態助詞〕　　動詞・形容詞の後ろにおいて、動作や行為などの完了・変化を表します。

　　③ 了 liǎo　〔助詞・可能補語〕動作などの状況が終了できるかどうかを表します。
　　　　　　　　　　　　　　　　　終わる・終える・済む・わかる。

9-1　了 le　　（語気助詞）

Nǐ qù nǎr le?
你 去 哪儿 了？　　　　　　　〈どこへ行ったの？〉

Wǒ qù chāoshì le.
我 去 超市 了。　　　　　　　〈わたしはスーパーマーケットへ行ったのよ。〉

9-2　了 le　　（動態助詞）

Mǎi le shénme?
买 了 什么？　　　　　　　　〈何を買いましたか？〉

Tiān hēi le.
天 黑 了。　　　　　　　　　〈日が暮れました。〉

9-3　了 liǎo　（可能補語）

Chībuliǎo.
吃不了。　　　　　　　　　　〈食べ切れません。〉

Tā láibuliǎo.
他 来不了。　　　　　　　　　〈彼は来られません。〉

【著者プロフィール】

〈監修・著〉 渡辺　豊沢（わたなべ・ほうたく）
1957年台北生まれ。
上智大学経済学部経営学科卒業。
国立歴史民族博物館の北京語ナレーター、
東芝・オリンパス等の企業や外語学校などにて中国語講師を務め、
現在は自ら開設した「CoCo外語」での講座講師・指導にあたる。
本書は、四半世紀にも及ぶ豊富な教育・指導歴を礎に執筆。
主な著書：『門外漢一條虫』
　　　　　『小道迷子の中国語に夢中』（監修、小社刊）
★渡辺豊沢先生の中国語教室「CoCo外語」
　http://homepage3.nifty.com/cocoma/
　e-mail:cocoma@nifty.com

〈漫画・著〉 小道 迷子 （こみち・めいこ）
漫画家。山梨県生まれ。
スポーツ紙「トーチュウ」での競馬コラム、
競馬専門紙「ギャロツプ」での馬まんが
ほか、漫画雑誌などで連載。
代表作：『風します？』、『ポコあポコ』、『なんたって桃の湯』、『ねこねこね』（以上小学館）、
　　　　『にゃんにゃん女子高校』、『走れハナジロウ』（以上双葉社）、その他いろいろ。

小道迷子の中国語・発音しませんか
～发发拼音～

著　者──渡辺豊沢（監修・著）
　　　　　小道迷子（漫画・著）
発行者──前田完治
発行所──株式会社三修社
　　　　　〒110-0004
　　　　　東京都台東区下谷1-5-34
　　　　　Tel. 03-3842-1711
　　　　　Fax. 03-3845-3965
　　　　　振替　00190-9-72758
　　　　　http://www.sanshusha.co.jp/
　　　　　編集担当　堀口真理
組版─株式会社柳葉コーポレーション
印刷・製本─凸版印刷株式会社

©MEIKO KOMICHI, HOUTAKU WATANABE　Printed in Janpan.

Ⓡ〈日本複写権センター委託出版物〉
本書の全部または一部無断で複写複製（コピー）することは、著作権法上で例外を除き、禁じられています。本書からの複写を希望される場合は、日本複写権センター（03・3401・2382）にご連絡ください。